suhrkamp taschenbuch 2800

»Alle meine Gedichte sind durch die Wirklichkeit angeregt und haben darin Grund und Boden. Von Gedichten aus der Luft gegriffen, halte ich nichts«, schreibt Goethe im September 1823 an Eckermann. Gelegenheit, so will man meinen, macht Poesie. – Brechts lyrisches Werk ist in der deutschen Literaturgeschichte allenfalls mit dem Goethes vergleichbar, und zwar sowohl quantitativ, aber vor allem qualitativ. Alle lyrischen Spielarten waren Brecht von Jugend an vertraut, zahlreiche seiner über zweitausendfünfhundert Gedichte von der *Hauspostille* bis zu den *Bukower Elegien* sind Meisterwerke von bleibendem Rang.

Siegfried Unselds Auswahl der hundert wichtigsten Gedichte ist subjektiv, ist die des Verlegers und Kenners des Brechtschen Werks seit vielen Jahrzehnten.

Bertolt Brecht
Hundert Gedichte

Ausgewählt
von Siegfried Unseld

Suhrkamp

Umschlagfoto: Ellen Auerbach
© Akademie der Künste, Archiv, Berlin

9. Auflage 2017

Erste Auflage 1998
suhrkamp taschenbuch 2800
© Bertolt-Brecht-Erben und Suhrkamp Verlag Berlin
Suhrkamp Taschenbuch Verlag
Druck: Druckhaus Nomos, Sinzheim
Printed in Germany
Umschlag: Göllner, Michels, Zegarzewski
ISBN 978-3-518-39300-0

Inhalt

Serenade

Jetzt wachen nur mehr Mond und Katz
Die Menschen alle schlafen schon
Da trottet übern Rathausplatz
Bert Brecht mit seinem Lampion.

Wenn schon der junge Mai erwacht
Die Blüten sprossen für und für
Dann taumelt trunken durch die Nacht
Bert Brecht mit seinem Klampfentier

Und wenn ihr einst in Frieden ruht
Beseligt ganz vom Himmelslohn
Dann stolpert durch die Höllenglut
Bert Brecht mit seinem Lampion.

Choral vom Manne Baal

1

Als im weißen Mutterschoße aufwuchs Baal
War der Himmel schon so groß und still und fahl
Jung und nackt und ungeheuer wundersam
Wie ihn Baal dann liebte, als Baal kam.

2

Und der Himmel blieb in Lust und Kummer da
Auch wenn Baal schlief, selig war und ihn nicht sah:
Nachts er violett und trunken Baal
Baal früh fromm, er aprikosenfahl.

3

In der Sünder schamvollem Gewimmel
Lag Baal nackt und wälzte sich voll Ruh:
Nur der Himmel, aber *immer* Himmel
Deckte mächtig seine Blöße zu.

4

Alle Laster sind zu etwas gut
Und der Mann auch, sagt Baal, der sie tut.
Laster sind was, weiß man, was man will.
Sucht euch zwei aus: eines ist zuviel!

5

Seid nur nicht so faul und so verweicht
Denn Genießen ist bei Gott nicht leicht!
Starke Glieder braucht man und Erfahrung auch:
Und mitunter stört ein dicker Bauch.

6

Zu den feisten Geiern blinzelt Baal hinauf
Die im Sternenhimmel warten auf den Leichnam Baal
Manchmal stellt sich Baal tot. Stürzt ein Geier drauf
Speist Baal einen Geier, stumm, zum Abendmahl.

7

Unter düstern Sternen in dem Jammertal
Grast Baal weite Felder schmatzend ab.
Sind sie leer, dann trottet singend Baal
In den ewigen Wald zum Schlaf hinab.

8

Und wenn Baal der dunkle Schoß hinunterzieht:
Was ist Welt für Baal noch? Baal ist satt.
Soviel Himmel hat Baal unterm Lid
Daß er tot noch grad gnug Himmel hat.

9

Als im dunklen Erdenschoße faulte Baal
War der Himmel noch so groß und still und fahl
Jung und nackt und ungeheuer wunderbar
Wie ihn Baal einst liebte, als Baal war.

Die Ballade von François Villon

1

François Villon war armer Leute Kind.
Ihm schaukelte die Wiege kühler Föhn.
Von seiner Jugend unter Schnee und Wind
War nur der blaue Himmel drüber schön.
François Villon, den nie ein Bett bedeckte
Fand früh und leicht, daß kühler Wind ihm schmeckte.

2

Der Füße Bluten und des Steißes Beißen
Lehrt ihn, daß Steine spitzer sind als Felsen.
Er lernte früh den Stein auf andre schmeißen
Und sich auf andrer Leute Häuten wälzen.
Und wenn er sich nach seiner Decke streckte:
Da fand er früh und leicht, daß ihm das Strecken
schmeckte.

3

War er im Wind nicht eben gerne bloß –
Schön war's im Schlamme, wenn die Sonne schien.
In Schmutz und Wind wuchs er zum starken Kloß
Und Weiber liebten, Männer haßten ihn.
Und wenn der Bursche Mann und Weib derbleckte
Und Prügel fing: Er lachte, weil's ihm schmeckte.

4

François Villon ward reicher Leute Schreck.
Ein Strolch und Kuppler, Bänkelsänger, Lump
Stahl er dem Herrgott seine Tage weg
Und nahm sie grinsend immerzu auf Pump.
Und wenn der Galgen ihn beizeiten schreckte:
Was tat's?! Da alles außer diesem schmeckte!

5

Er konnte nicht an Gottes Tischen zechen;
Und aus dem Himmel floß ihm niemals Segen.
Er mußte Menschen mit dem Messer stechen
Und seinen Schädel in die Schlinge legen.
Wenn Angst ihm auch den Hochgenuß verdreckte;
Er fraß mit Lust, weil ihm das Fressen schmeckte.

6

Er fraß nicht mehr als sein Gedärme faßte
Und nur im Fressen, nicht ein Wirt war hier.
Sie konnten nichts dafür, daß er sie haßte –
Ihm ging's wie ihnen: Er konnt nichts dafür.
Ihm tat es leid, wenn so ein Gauch verreckte
Weil er nicht kriegen konnte, was ihm selbst auch
                                                 schmeckte.

7

Um Leib und Seele völlig auszubauen
War Leib und Seele andrer nie ihm schad.
Als Platz, den Himmel ruhig anzuschauen
Tat Schlamm ihm wohl, wie nur ein Weib sonst tat.
Und wenn ein schöner Baum den Himmel deckte
War er nicht böse: Weil ihm alles schmeckte.

8

Er konnte wunderbare Lieder setzen
Drin Feinde töten und den Freund beglücken –
Erst nach der Arbeit freilich, zum Ergetzen
Denn leichter war's als Gurgeln zuzudrücken.
Wenn er im Lied sich zu den Sternen reckte
War's, weil ihm Raub und Strafe gleich gut schmeckte.

9

Im Heute früh; und nachts am Strom; im Walde
In der Taverne; auf der Flucht im Ried. –

Fand er ein Weib nicht, das ihn unterhalte
Tat er es selbst und sang ein neues Lied.
Auch wenn ein Weib ihm sanft am Arsche leckte
Sang er sehr süß und fromm, weil es ihm schmeckte.

10

Auf weichen Bäuchen sang er seine Sure
Und zarte Finger kraulten ihm am Kinn:
Denn seine Liebste war schon eine Hure
Und seine Hure eine Herzogin.
Sie küßten ihn, wenn er die Zähne bleckte
Und er hielt stand: Wohl weil ihm beides schmeckte.

11

Ihm winkte nicht des Himmels süßer Lohn.
Die Polizei brach früh der Seele Stolz.
Und doch war dieser auch ein Gottessohn. –
Ist er durch Wind und Regen lang geflohn
Winkt ganz am End als Dank ein Marterholz.

12

François Villon starb auf der Flucht vorm Loch
Vor sie ihn haschten, schnell im Strauch aus List –
Doch seine freche Seele lebt wohl noch –
Lang wie dieses Liedlein, das unsterblich ist.
Als er die Viere streckte und verreckte
Da fand er spät und schwer, daß ihm das Strecken
                                    schmeckte.

Gegen Verführung

1
Laßt euch nicht verführen!
Es gibt keine Wiederkehr.
Der Tag steht in den Türen;
Ihr könnt schon Nachtwind spüren:
Es kommt kein Morgen mehr.

2
Laßt euch nicht betrügen!
Das Leben wenig ist.
Schlürft es in vollen Zügen!
Es wird euch nicht genügen
Wenn ihr es lassen müßt!

3
Laßt euch nicht vertrösten!
Ihr habt nicht zu viel Zeit!
Laßt Moder den Erlösten!
Das Leben ist am größten:
Es steht nicht mehr bereit.

4
Laßt euch nicht verführen!
Zu Fron und Ausgezehr!
Was kann euch Angst noch rühren?
Ihr sterbt mit allen Tieren
Und es kommt nichts nachher.

Legende vom toten Soldaten

1
Und als der Krieg im fünften Lenz
Keinen Ausblick auf Frieden bot
Da zog der Soldat seine Konsequenz
Und starb den Heldentod.

2
Der Krieg war aber noch nicht gar
Drum tat es dem Kaiser leid
Daß sein Soldat gestorben war:
Es schien ihm noch vor der Zeit.

3
Der Sommer zog über die Gräber her
Und der Soldat schlief schon
Da kam eines Nachts eine militär-
ische ärztliche Kommission.

4
Es zog die ärztliche Kommission
Zum Gottesacker hinaus
Und grub mit geweihtem Spaten den
Gefallnen Soldaten aus.

5
Und der Doktor besah den Soldaten genau
Oder was von ihm noch da war
Und der Doktor fand, der Soldat war k.v.
Und er drücke sich vor der Gefahr.

6

Und sie nahmen sogleich den Soldaten mit
Die Nacht war blau und schön.
Man konnte, wenn man keinen Helm aufhatte
Die Sterne der Heimat sehn.

7

Sie schütteten ihm einen feurigen Schnaps
In den verwesten Leib
Und hängten zwei Schwestern in seinen Arm
Und sein halb entblößtes Weib.

8

Und weil der Soldat nach Verwesung stinkt
Drum hinkt ein Pfaffe voran
Der über ihn ein Weihrauchfaß schwingt
Daß er nicht stinken kann.

9

Voran die Musik mit Tschindrara
Spielt einen flotten Marsch.
Und der Soldat, so wie er's gelernt
Schmeißt seine Beine vom Arsch.

10

Und brüderlich den Arm um ihn
Zwei Sanitäter gehn
Sonst flög er noch in den Dreck ihnen hin
Und das darf nicht geschehn.

11

Sie malten auf sein Leichenhemd
Die Farben schwarz-weiß-rot
Und trugen's vor ihm her; man sah
Vor Farben nicht mehr den Kot.

12

Ein Herr im Frack schritt auch voran
Mit einer gestärkten Brust
Der war sich als ein deutscher Mann
Seiner Pflicht genau bewußt.

13

So zogen sie mit Tschindrara
Hinab die dunkle Chaussee
Und der Soldat zog taumelnd mit
Wie im Sturm die Flocke Schnee.

14

Die Katzen und die Hunde schrein
Die Ratzen im Feld pfeifen wüst:
Sie wollen nicht französisch sein
Weil das eine Schande ist.

15

Und wenn sie durch die Dörfer ziehn
Waren alle Weiber da.
Die Bäume verneigten sich. Vollmond schien.
Und alles schrie hurra!

16

Mit Tschindrara und Wiedersehn!
Und Weib und Hund und Pfaff!
Und mitten drin der tote Soldat
Wie ein besoffner Aff.

17

Und wenn sie durch die Dörfer ziehn
Kommt's, daß ihn keiner sah
So viele waren herum um ihn
Mit Tschindra und Hurra.

18

So viele tanzten und johlten um ihn
Daß ihn keiner sah.
Man konnte ihn einzig von oben noch sehn
Und da sind nur Sterne da.

19

Die Sterne sind nicht immer da.
Es kommt ein Morgenrot.
Doch der Soldat, so wie er's gelernt
Zieht in den Heldentod.

Apfelböck oder Die Lilie auf dem Felde

1

In mildem Lichte Jakob Apfelböck
Erschlug den Vater und die Mutter sein
Und schloß sie beide in den Wäscheschrank
Und blieb im Hause übrig, er allein.

2

Es schwammen Wolken unterm Himmel hin
Und um sein Haus ging mild der Sommerwind
Und in dem Hause saß er selber drin
Vor sieben Tagen war es noch ein Kind.

3

Die Tage gingen und die Nacht ging auch
Und nichts war anders außer mancherlei
Bei seinen Eltern Jakob Apfelböck
Wartete einfach, komme was es sei.

4

Und als die Leichen rochen aus dem Spind
Da kaufte Jakob eine Azalee
Und Jakob Apfelböck, das arme Kind
Schlief von dem Tag an auf dem Kanapee.

5

Es bringt die Milchfrau noch die Milch ins Haus
Gerahmte Buttermilch, süß, fett und kühl.
Was er nicht trinkt, das schüttet Jakob aus
Denn Jakob Apfelböck trinkt nicht mehr viel.

6

Es bringt der Zeitungsmann die Zeitung noch
Mit schwerem Tritt ins Haus beim Abendlicht
Und wirft sie scheppernd in das Kastenloch
Doch Jakob Apfelböck, der liest sie nicht.

7

Und als die Leichen rochen durch das Haus
Da weinte Jakob und ward krank davon.
Und Jakob Apfelböck zog weinend aus
Und schlief von nun an nur auf dem Balkon.

8

Es sprach der Zeitungsmann, der täglich kam:
Was riecht hier so? Ich rieche doch Gestank.
In mildem Licht sprach Jakob Apfelböck:
Es ist die Wäsche in dem Wäscheschrank.

9

Es sprach die Milchfrau einst, die täglich kam:
Was riecht hier so? Es riecht, als wenn man stirbt!
In mildem Licht sprach Jakob Apfelböck:
Es ist das Kalbfleisch, das im Schrank verdirbt.

10

Und als sie einstens in den Schrank ihm sahn
Stand Jakob Apfelböck in mildem Licht
Und als sie fragten, warum er's getan
Sprach Jakob Apfelböck: Ich weiß es nicht.

11

Die Milchfrau aber sprach am Tag danach
Ob wohl das Kind einmal, früh oder spät
Ob Jakob Apfelböck wohl einmal noch
Zum Grabe seiner armen Eltern geht?

Bericht vom Zeck

1
Durch unsere Kinderträume
In dem milchweißen Bett
Spukte um Apfelbäume
Der Mann in Violett.

2
Liegend vor ihm im Staube
Sah man: da saß er. Träg.
Und streichelte seine Taube
Und sonnte sich am Weg.

3
Er schätzt die kleinste Gabe
Sauft Blut als wie ein Zeck.
Und daß man nur ihn habe
Nimmt er sonst alles weg.

4
Und gabst du für ihn deine
Und anderer Freude her;
Und liegst dann arm am Steine
Dann kennt er dich nicht mehr.

5
Er spuckt dir gern zum Spaße
Ins Antlitz rein und guckt
Daß er dich ja gleich fasse
Wenn deine Wimper zuckt.

6
Am Abend steht er spähend
An deinem Fenster dort
Und merkt sich jedes Lächeln
Und geht beleidigt fort.

7
Und hast du eine Freude
Und lachst du noch so leis –
Er hat eine kleine Orgel
Drauf spielt er Trauerweis.

8
Er taucht in Himmelsbläue
Wenn einer ihn verlacht
Und hat doch auch die Haie
Nach seinem Bild gemacht.

9
An keinem sitzt er lieber
Als einst am Totenbett.
Er spukt durchs letzte Fieber
Der Kerl in Violett.

Orges Gesang

Orge sagte mir:

1
Der liebste Ort, den er auf Erden hab
Sei nicht die Rasenbank am Elterngrab.

2
Orge sagte mir: Der liebste Ort
Auf Erden war ihm immer der Abort.

3
Dies sei ein Ort, wo man zufrieden ist
Daß drüber Sterne sind und drunter Mist.

4
Ein Ort sei einfach wundervoll, wo man
Wenn man erwachsen ist, allein sein kann.

5
Ein Ort der Demut, dort erkennst du scharf
Daß du ein Mensch nur bist, der nichts behalten darf.

6
Ein Ort, wo man, indem man leiblich ruht
Sanft, doch mit Nachdruck, etwas für sich tut.

7
Ein Ort der Weisheit, wo du deinen Wanst
Für neue Lüste präparieren kannst.

8
Und doch erkennst du dorten, was du bist:
Ein Bursche, der auf dem Aborte – frißt!

Vom ertrunkenen Mädchen

1
Als sie ertrunken war und hinunterschwamm
Von den Bächen in die größeren Flüsse
Schien der Opal des Himmels sehr wundersam
Als ob er die Leiche begütigen müsse.

2
Tang und Algen hielten sich an ihr ein
So daß sie langsam viel schwerer ward
Kühl die Fische schwammen an ihrem Bein
Pflanzen und Tiere beschwerten noch ihre letzte Fahrt.

3
Und der Himmel ward abends dunkel wie Rauch
Und hielt nachts mit den Sternen das Licht in Schwebe.
Aber früh war er hell, daß es auch
Noch für sie Morgen und Abend gebe.

4
Als ihr bleicher Leib im Wasser verfaulet war
Geschah es (sehr langsam), daß Gott sie allmählich vergaß
Erst ihr Gesicht, dann die Hände und ganz zuletzt erst ihr
                                                    Haar.
Dann ward sie Aas in Flüssen mit vielem Aas.

Vom Klettern in Bäumen

1

Wenn ihr aus eurem Wasser steigt am Abend –
Denn ihr müßt nackt sein und die Haut muß weich sein –
Dann steigt auch noch auf eure großen Bäume
Bei leichtem Wind. Auch soll der Himmel bleich sein.
Sucht große Bäume, die am Abend schwarz
Und langsam ihre Wipfel wiegen, aus!
Und wartet auf die Nacht in ihrem Laub
Und um die Stirne Mahr und Fledermaus!

2

Die kleinen harten Blätter im Gesträuche
Zerkerben euch den Rücken, den ihr fest
Durchs Astwerk stemmen müßt; so klettert ihr
Ein wenig ächzend höher ins Geäst.
Es ist ganz schön, sich wiegen auf dem Baum!
Doch sollt ihr euch nicht wiegen mit den Knien!
Ihr sollt dem Baum so wie sein Wipfel sein:
Seit hundert Jahren abends: Er wiegt ihn.

Vom Schwimmen in Seen und Flüssen

1

Im bleichen Sommer, wenn die Winde oben
Nur in dem Laub der großen Bäume sausen
Muß man in Flüssen liegen oder Teichen
Wie die Gewächse, worin Hechte hausen.
Der Leib wird leicht im Wasser. Wenn der Arm
Leicht aus dem Wasser in den Himmel fällt
Wiegt ihn der kleine Wind vergessen
Weil er ihn wohl für braunes Astwerk hält.

2

Der Himmel bietet mittags große Stille.
Man macht die Augen zu, wenn Schwalben kommen.
Der Schlamm ist warm. Wenn kühle Blasen quellen
Weiß man: ein Fisch ist jetzt durch uns geschwommen.
Mein Leib, die Schenkel und der stille Arm
Wir liegen still im Wasser, ganz geeint
Nur wenn die kühlen Fische durch uns schwimmen
Fühl ich, daß Sonne überm Tümpel scheint.

3

Wenn man am Abend von dem langen Liegen
Sehr faul wird, so, daß alle Glieder beißen
Muß man das alles, ohne Rücksicht, klatschend
In blaue Flüsse schmeißen, die sehr reißen.
Am besten ist's, man hält's bis Abend aus.
Weil dann der bleiche Haifischhimmel kommt
Bös und gefräßig über Fluß und Sträuchern
Und alle Dinge sind, wie's ihnen frommt.

4

Natürlich muß man auf dem Rücken liegen
So wie gewöhnlich. Und sich treiben lassen.
Man muß nicht schwimmen, nein, nur so tun, als
Gehöre man einfach zu Schottermassen.
Man soll den Himmel anschaun und so tun
Als ob einen ein Weib trägt, und es stimmt.
Ganz ohne großen Umtrieb, wie der liebe Gott tut
Wenn er am Abend noch in seinen Flüssen schwimmt.

Erinnerung an die Marie A.

1
An jenem Tag im blauen Mond September
Still unter einem jungen Pflaumenbaum
Da hielt ich sie, die stille bleiche Liebe
In meinem Arm wie einen holden Traum.
Und über uns im schönen Sommerhimmel
War eine Wolke, die ich lange sah
Sie war sehr weiß und ungeheuer oben
Und als ich aufsah, war sie nimmer da.

2
Seit jenem Tag sind viele, viele Monde
Geschwommen still hinunter und vorbei
Die Pflaumenbäume sind wohl abgehauen
Und fragst du mich, was mit der Liebe sei?
So sag ich dir: Ich kann mich nicht erinnern.
Und doch, gewiß, ich weiß schon, was du meinst
Doch ihr Gesicht, das weiß ich wirklich nimmer
Ich weiß nur mehr: Ich küßte es dereinst.

3
Und auch den Kuß, ich hätt ihn längst vergessen
Wenn nicht die Wolke da gewesen wär
Die weiß ich noch und werd ich immer wissen
Sie war sehr weiß und kam von oben her.
Die Pflaumenbäume blühn vielleicht noch immer
Und jene Frau hat jetzt vielleicht das siebte Kind
Doch jene Wolke blühte nur Minuten
Und als ich aufsah, schwand sie schon im Wind.

Vom armen B. B.

1

Ich, Bertolt Brecht, bin aus den schwarzen Wäldern.
Meine Mutter trug mich in die Städte hinein
Als ich in ihrem Leibe lag. Und die Kälte der Wälder
Wird in mir bis zu meinem Absterben sein.

2

In der Asphaltstadt bin ich daheim. Von allem Anfang
Versehen mit jedem Sterbsakrament:
Mit Zeitungen. Und Tabak. Und Branntwein.
Mißtrauisch und faul und zufrieden am End.

3

Ich bin zu den Leuten freundlich. Ich setze
Einen steifen Hut auf nach ihrem Brauch.
Ich sage: es sind ganz besonders riechende Tiere
Und ich sage: es macht nichts, ich bin es auch.

4

In meine leeren Schaukelstühle vormittags
Setze ich mir mitunter ein paar Frauen
Und ich betrachte sie sorglos und sage ihnen:
In mir habt ihr einen, auf den könnt ihr nicht bauen.

5

Gegen abends versammle ich um mich Männer
Wir reden uns da mit »Gentleman« an
Sie haben ihre Füße auf meinen Tischen
Und sagen: es wird besser mit uns. Und ich frage nicht:
wann.

6
Gegen Morgen in der grauen Frühe pissen die Tannen
Und ihr Ungeziefer, die Vögel, fängt an zu schrein.
Um die Stunde trink ich mein Glas in der Stadt aus und
schmeiße
Den Tabakstummel weg und schlafe beunruhigt ein.

7
Wir sind gesessen ein leichtes Geschlechte
In Häusern, die für unzerstörbare galten
(So haben wir gebaut die langen Gehäuse des Eilands
Manhattan
Und die dünnen Antennen, die das Atlantische Meer
unterhalten).
8
Von diesen Städten wird bleiben: der durch sie
hindurchging, der Wind!
Fröhlich machet das Haus den Esser: er leert es.
Wir wissen, daß wir Vorläufige sind
Und nach uns wird kommen: nichts Nennenswertes.

9
Bei den Erdbeben, die kommen werden, werde ich
hoffentlich
Meine Virginia nicht ausgehen lassen durch Bitterkeit
Ich, Bertolt Brecht, in die Asphaltstädte verschlagen
Aus den schwarzen Wäldern in meiner Mutter in früher
Zeit.

Von der Kindesmörderin Marie Farrar

1

Marie Farrar, geboren im April
Unmündig, merkmallos, rachitisch, Waise
Bislang angeblich unbescholten, will
Ein Kind ermordet haben in der Weise:
Sie sagt, sie habe schon im zweiten Monat
Bei einer Frau in einem Kellerhaus
Versucht, es abzutreiben mit zwei Spritzen
Angeblich schmerzhaft, doch ging's nicht heraus.
Doch ihr, ich bitte euch, wollt nicht in Zorn verfallen
Denn alle Kreatur braucht Hilf von allen.

2

Sie habe dennoch, sagt sie, gleich bezahlt
Was ausgemacht war, sich fortan geschnürt
Auch Sprit getrunken, Pfeffer drin vermahlt
Doch habe sie das nur stark abgeführt.
Ihr Leib sei zusehends geschwollen, habe
Auch stark geschmerzt, beim Tellerwaschen oft.
Sie selbst sei, sagt sie, damals noch gewachsen.
Sie habe zu Marie gebetet, viel erhofft.
Auch ihr, ich bitte euch, wollt nicht in Zorn verfallen
Denn alle Kreatur braucht Hilf von allen.

3

Doch die Gebete hätten, scheinbar, nichts genützt.
Es war auch viel verlangt. Als sie dann dicker war
Hab ihr in Frühmetten geschwindelt. Oft hab sie geschwitzt
Auch Angstschweiß, häufig unter dem Altar.
Doch hab den Zustand sie geheim gehalten
Bis die Geburt sie nachher überfiel.
Es sei gegangen, da wohl niemand glaubte

Daß sie, sehr reizlos, in Versuchung fiel.
Und ihr, ich bitte euch, wollt nicht in Zorn verfallen
Denn alle Kreatur braucht Hilf von allen.

4

An diesem Tag, sagt sie, in aller Früh
Ist ihr beim Stiegenwischen so, als krallten
Ihr Nägel in den Bauch. Es schüttelt sie.
Jedoch gelingt es ihr, den Schmerz geheimzuhalten.
Den ganzen Tag, es ist beim Wäschehängen
Zerbricht sie sich den Kopf; dann kommt sie drauf
Daß sie gebären sollte, und es wird ihr
Gleich schwer ums Herz. Erst spät geht sie hinauf.
Doch ihr, ich bitte euch, wollt nicht in Zorn verfallen
Denn alle Kreatur braucht Hilf von allen.

5

Man holte sie noch einmal, als sie lag:
Schnee war gefallen und sie mußte kehren.
Das ging bis elf. Es war ein langer Tag.
Erst in der Nacht konnte sie in Ruhe gebären.
Und sie gebar, so sagt sie, einen Sohn.
Der Sohn war ebenso wie andere Söhne.
Doch sie war nicht so wie die anderen, obschon:
Es liegt kein Grund vor, daß ich sie verhöhne.
Auch ihr, ich bitte euch, wollt nicht in Zorn verfallen
Denn alle Kreatur braucht Hilf von allen.

6

So will ich also weiter denn erzählen
Wie es mit diesem Sohn geworden ist
(Sie wollte davon, sagt sie, nichts verhehlen)
Damit man sieht, wie ich bin und du bist.
Sie sagt, sie sei, nur kurz im Bett, von Übel-
keit stark befallen worden und, allein

Hab sie, nicht wissend, was geschehen sollte
Mit Mühe sich bezwungen, nicht zu schrein.
Und ihr, ich bitte euch, wollt nicht in Zorn verfallen
Denn alle Kreatur braucht Hilf von allen.

7

Mit letzter Kraft hab sie, so sagt sie, dann
Da ihre Kammer auch eiskalt gewesen
Sich zum Abort geschleppt und dort auch (wann
Weiß sie nicht mehr) geborn ohn Federlesen
So gegen Morgen. Sie sei, sagt sie
Jetzt ganz verwirrt gewesen, habe dann
Halb schon erstarrt, das Kind kaum halten können
Weil es in den Gesindabort hereinschnein kann.
Auch ihr, ich bitte euch, wollt nicht in Zorn verfallen
Denn alle Kreatur braucht Hilf von allen.

8

Dann zwischen Kammer und Abort, vorher sagt sie
Sei noch gar nichts gewesen, fing das Kind
Zu schreien an, das hab sie so verdrossen, sagt sie
Daß sie's mit beiden Fäusten ohne Aufhörn, blind
So lang geschlagen habe, bis es still war, sagt sie.
Hierauf hab sie das Tote noch gradaus
Zu sich ins Bett genommen für den Rest der Nacht
Und es versteckt am Morgen in dem Wäschehaus.
Doch ihr, ich bitte euch, wollt nicht in Zorn verfallen
Denn alle Kreatur braucht Hilf vor allem.

9

Marie Farrar, geboren im April
Gestorben im Gefängnishaus zu Meißen
Ledige Kindesmutter, abgeurteilt, will
Euch die Gebrechen aller Kreatur erweisen.
Ihr, die ihr gut gebärt in saubern Wochenbetten

Und nennt »gesegnet« euren schwangeren Schoß
Wollt nicht verdammen die verworfnen Schwachen
Denn ihre Sünd war schwer, doch ihr Leid groß.
Darum, ich bitte euch, wollt nicht in Zorn verfallen
Denn alle Kreatur braucht Hilf von allen.

Alabama Song

1

Oh, show us the way to the next whisky-bar
Oh, don't ask why, oh, don't ask why
For we must find the next whisky-bar
For if we don't find the next whisky-bar
I tell you we must die! I tell you we must die!
Oh! Moon of Alabama
We now must say good-bye
We've lost our good old mamma
And must have whisky
Oh! You know why.

2

Oh, show us the way to the next pretty girl
Oh, don't ask why, oh, don't ask why
For we must find the next pretty girl
For if we don't find the next pretty girl
I tell you we must die! I tell you we must die!
Oh! Moon of Alabama
We now must say good-bye
We've lost our good old mamma
And must have a girl
Oh! You know why.

3

Oh, show us the way to the next little dollar
Oh, don't ask why, oh, don't ask why
For we must find the next little dollar
For if we don't find the next little dollar
I tell you we must die! I tell you we must die!

Oh! Moon of Alabama
We now must say good-bye
We've lost our good old mamma
And must have dollars
Oh! You know why.

Entdeckung an einer jungen Frau

Des Morgens nüchterner Abschied, eine Frau
Kühl zwischen Tür und Angel, kühl besehn
Da sah ich: eine Strähn in ihrem Haar war grau
Ich konnt mich nicht entschließen mehr zu gehn

Stumm nahm ich ihre Brust, und als sie fragte
Warum ich, Nachtgast, nach Verlauf der Nacht
Nicht gehen wolle, denn so war's gedacht
Sah ich sie unumwunden an und sagte

Ist's nur noch eine Nacht, will ich noch bleiben
Doch nütze deine Zeit, das ist das Schlimme
Daß du so zwischen Tür und Angel stehst

Und laß uns die Gespräche rascher treiben
Denn wir vergaßen ganz, daß du vergehst
Und es verschlug Begierde mir die Stimme

Die Augsburger Sonette

Sonett Nr. 1. *Über Mangel an Bösem*

Ich war von Kindheit immer für das Böse
Die Menschheit ist ja haltbar: ohne Wunden
Ging sie dumm grinsend über alle Runden
Mit ihrem Timur: harmloses Getöse!

Öffnet doch eurer Timure Vermächtnis –
Ein Pazifik von Milch für Waisenknaben!
Und ihre Untat wird in Erz gegraben!
Der Ruhm fließt nur aus löchrigem Gedächtnis.

Die Menschheit hat umsonst nach dem geschielt
Der ihr den Kopf endlich vom Rumpfe trennte.
Wo blieb er? Ach! Die wenigen Momente

Der Erde: ausgeheilte Narben!
Von drei, vier Timurs so mühsam erzielt
Daß sie vorm Endspurt an Entkräftung starben.

Sonett Nr. 5. *Kuh beim Fressen*

Sie wiegt die breite Brust an holziger Krippe
Und frißt. Seht, sie zermalmt ein Hälmchen jetzt!
Es schaut noch eine Zeitlang spitz aus ihrer Lippe
Sie malmt es sorgsam, daß sie's nicht zerfetzt.

Ihr Leib ist dick, ihr trauriges Aug bejahrt;
Gewöhnt des Bösen, zaudert sie beim Kauen
Seit Jahren mit emporgezognen Brauen –
Die wundert's nicht, wenn ihr dazwischenfahrt!

Und während sie sich noch mit Heu versieht
Entzieht ihr einer Milch. Sie duldet stumm
Daß seine Hand an ihrem Euter reißt:

Sie kennt die Hand. Sie schaut nicht einmal um.
Sie will nicht wissen, was mit ihr geschieht
Und nützt die Abendstimmung aus und scheißt.

Sonett Nr. 11. Vom Genuß der Ehemänner

Ich liebe meine ungetreuen Frauen:
Sie sehn mein Auge starr auf ihrem Becken
Und müssen den gefüllten Schoß vor mir verstecken
(Es macht mir Lust, sie dabei anzuschauen).

Im Mund noch den Geschmack des andern Manns
Ist die gezwungen, mich recht geil zu machen
Mit diesem Mund mich lüstern anzulachen
Im kalten Schoß noch einen andern Schwanz!

Und während ich sie tatenlos betrachte
Essend die Tellerreste ihrer Lust
Erwürgt sie den Geschlechtsschlaf in der Brust

Ich war noch voll davon, als ich die Verse machte!
(Doch wär es eine teure Lust gewesen
Wenn dies Gedicht hier die Geliebten läsen.)

Aus dem Lesebuch für Städtebewohner

Trenne dich von deinen Kameraden auf dem Bahnhof
Gehe am Morgen in die Stadt mit zugeknöpfter Jacke
Suche dir Quartier und wenn dein Kamerad anklopft:
Öffne, o öffne die Tür nicht
Sondern
Verwisch die Spuren!

Wenn du deinen Eltern begegnest in der Stadt Hamburg
                                          oder sonstwo
Gehe an ihnen fremd vorbei, biege um die Ecke, erkenne sie
                                          nicht
Zieh den Hut ins Gesicht, den sie dir schenkten
Zeige, o zeige dein Gesicht nicht
Sondern
Verwisch die Spuren!

Iß das Fleisch, das da ist! Spare nicht!
Gehe in jedes Haus, wenn es regnet, und setze dich auf
                                          jeden Stuhl, der da ist
Aber bleibe nicht sitzen! Und vergiß deinen Hut nicht!
Ich sage dir:
Verwisch die Spuren!

Was immer du sagst, sag es nicht zweimal
Findest du deinen Gedanken bei einem andern:
                                          verleugne ihn.
Wer seine Unterschrift nicht gegeben hat, wer kein Bild
                                          hinterließ

Wer nicht dabei war, wer nichts gesagt hat
Wie soll der zu fassen sein!
Verwisch die Spuren!

Sorge, wenn du zu sterben gedenkst
Daß kein Grabmal steht und verrät, wo du liegst
Mit einer deutlichen Schrift, die dich anzeigt
Und dem Jahr deines Todes, das dich überführt!
Noch einmal:
Verwisch die Spuren!

(Das wurde mir gesagt.)

5

Ich bin ein Dreck. Von mir
Kann ich nichts verlangen, als
Schwäche, Verrat und Verkommenheit
Aber eines Tages merke ich:
Es wird besser; der Wind
Geht in mein Segel; meine Zeit ist gekommen, ich kann
Besser werden als ein Dreck –
Ich habe sofort angefangen.

Weil ich ein Dreck war, merkte ich
Wenn ich betrunken bin, lege ich mich
Einfach hin und weiß nicht
Wer über mich geht; jetzt trinke ich nicht mehr –
Ich habe es sofort unterlassen.

Leider mußte ich
Rein um mich am Leben zu erhalten, viel
Tun, was mir schadete; ich habe
Gift gefressen, das vier
Gäule umgebracht hätte, aber ich
Konnte nur so
Am Leben bleiben; so habe ich
Zeitweise gekokst, bis ich aussah
Wie ein Bettlaken ohne Knochen
Da habe ich mich aber im Spiegel gesehen –
Und habe sofort aufgehört.

Sie haben natürlich versucht, mir eine Syphilis
Aufzuhängen, aber es ist
Ihnen nicht gelungen; nur vergiften
Konnten sie mich mit Arsen: ich hatte
In meiner Seite Röhren, aus denen
Floß Tag und Nacht Eiter. Wer
Hätte gedacht, daß so eine
Je wieder Männer verrückt macht? –
Ich habe damit sofort wieder angefangen.

Ich habe keinen Mann genommen, der nicht
Etwas für mich tat, und jeden
Den ich brauchte. Ich bin
Fast schon ohne Gefühl, beinah nicht mehr naß
Aber
Ich fülle mich immer wieder, es geht auf und ab, aber
Im ganzen mehr auf.

Immer noch merke ich, daß ich zu meiner Feindin
Alte Sau sage und sie als Feindin erkenne daran, daß

Ein Mann sie anschaut.
Aber in einem Jahr
Habe ich es mir abgewöhnt –
Ich habe schon damit angefangen.

Ich bin ein Dreck; aber es müssen
Alle Dinge mir zum besten dienen, ich
Komme herauf, ich bin
Unvermeidlich, das Geschlecht von morgen
Bald schon kein Dreck mehr, sondern
Der harte Mörtel, aus dem
Die Städte gebaut sind.

(Das habe ich eine Frau sagen hören.)

7

Reden Sie nichts von Gefahr!
In einem Tank kommen Sie nicht durch ein Kanalgitter:
Sie müssen schon aussteigen.
Ihren Teekocher lassen Sie am besten liegen
Sie müssen sehen, daß Sie selber durchkommen.

Geld müssen Sie eben haben
Ich frage Sie nicht, wo Sie es hernehmen
Aber ohne Geld brauchen Sie gar nicht abzufahren.
Und hier können Sie nicht bleiben, Mann.
Hier kennt man Sie.
Wenn ich Sie recht verstehe
Wollen Sie doch noch einige Beefsteaks essen
Bevor Sie das Rennen aufgeben!

Lassen Sie die Frau, wo sie ist!
Sie hat selber zwei Arme
Außerdem hat sie zwei Beine
(Die Sie nichts mehr angehen, Herr!)
Sehen Sie, daß Sie selber durchkommen!

Wenn Sie noch etwas sagen wollen, dann
Sagen Sie es mir, ich vergesse es.
Sie brauchen jetzt keine Haltung mehr zu bewahren:
Es ist niemand mehr da, der Ihnen zusieht.
Wenn Sie durchkommen
Haben Sie mehr getan als
Wozu ein Mensch verpflichtet ist.

Nichts zu danken.

8

Laßt eure Träume fahren, daß man mit euch
Eine Ausnahme machen wird.
Was eure Mutter euch sagte
Das war unverbindlich.

Laßt euren Kontrakt in der Tasche
Er wird hier nicht eingehalten.

Laßt nur eure Hoffnungen fahren
Daß ihr zu Präsidenten ausersehen seid.
Aber legt euch ordentlich ins Zeug
Ihr müßt euch ganz anders zusammennehmen
Daß man euch in der Küche duldet.

Ihr müßt das ABC noch lernen.
Das ABC heißt:
Man wird mit euch fertig werden.

Denkt nur nicht nach, was ihr zu sagen habt:
Ihr werdet nicht gefragt.
Die Esser sind vollzählig
Was hier gebraucht wird, ist Hackfleisch.

Aber das soll euch
Nicht entmutigen!

10

Wenn ich mit dir rede
Kalt und allgemein
Mit den trockensten Wörtern
Ohne dich anzublicken
(Ich erkenne dich scheinbar nicht
In deiner besonderen Artung und Schwierigkeit)

So rede ich doch nur
Wie die Wirklichkeit selber
(Die nüchterne, durch deine besondere Artung
                                    unbestechliche
Deiner Schwierigkeit überdrüssige)
Die du mir nicht zu erkennen scheinst.

1

Ich war jung, Gott, erst 16 Jahre
Du kamest von Burma herauf
Und sagtest, ich solle mit Dir gehen
Du kämest für alles auf.
Ich fragte nach Deiner Stellung
Du sagtest: so wahr ich hier steh
Du hättest zu tun mit der Eisenbahn
Und nichts zu tun mit der See.
Du sagtest viel, Johnny
Kein Wort war wahr, Johnny
Du hast mich betrogen, Johnny
Ich hasse Dich so, Johnny
Wie Du stehst und grinst
Nimm die Pfeife aus dem Maul, Johnny, Du Hund!
Surabaya-Johnny, warum bist Du so roh?
Surabaya-Johnny, mein Gott, ich liebe Dich so.
Surabaya-Johnny, warum bin ich nicht froh?
Du hast kein Herz, Johnny, und ich liebe Dich so.

2

Zuerst war es immer Sonntag
So lang, bis ich mitging mit Dir.
Aber dann schon nach zwei Wochen
War Dir nichts mehr recht an mir
Hinauf und hinab durch den Pandschab
Den Fluß entlang bis zur See:
Ich sehe schon aus im Spiegel
Wie eine Vierzigjährige.
Du wolltest nicht Liebe, Johnny
Du wolltest Geld, Johnny
Ich aber sah, Johnny, nur auf Deinen Mund.

Du verlangtest alles, Johnny
Ich gab Dir mehr, Johnny
Nimm die Pfeife aus dem Maul, Du Hund!
Surabaya-Johnny, warum bist Du so roh?
Surabaya-Johnny, mein Gott, ich liebe Dich so.
Surabaya-Johnny, warum bin ich nicht froh?
Du hast kein Herz, Johnny, und ich liebe Dich so.

3
Ich habe es nicht beachtet
Warum Du den Namen hast
Aber an der ganzen langen Küste
Warst Du ein bekannter Gast.
Eines Morgens in einem Sixpencebett
Werd ich donnern hören die See.
Und Du gehst, ohne etwas zu sagen
Und Dein Schiff liegt unten am Kai.
Du hast kein Herz, Johnny
Du bist ein Schuft, Johnny
Du gehst jetzt weg, Johnny, sag mir den Grund.
Ich liebe Dich doch, Johnny
Wie am ersten Tag, Johnny
Nimm die Pfeife aus dem Maul, Du Hund!
Surabaya-Johnny, warum bist Du so roh?
Surabaya-Johnny, mein Gott, warum lieb ich Dich so
Surabaya-Johnny, warum bin ich nicht froh?
Du hast kein Herz, Johnny, und ich liebe Dich so.

Vom Geld

Vor dem Taler, Kind, fürchte dich nicht.
Nach dem Taler, Kind, sollst du dich sehnen.
Wedekind

Ich will dich nicht zur Arbeit verführen.
Der Mensch ist zur Arbeit nicht gemacht.
Aber das Geld, um das sollst du dich rühren!
Das Geld ist gut. Auf das Geld gib acht!

Die Menschen fangen einander mit Schlingen.
Groß ist die Bosheit der Welt.
Darum sollst du dir Geld erringen
Denn größer ist ihre Liebe zum Geld.

Hast du Geld, hängen alle an dir wie Zecken:
Wir kennen dich wie das Sonnenlicht.
Ohne Geld müssen dich deine Kinder verstecken
Und müssen sagen, sie kennen dich nicht.

Hast du Geld, mußt du dich nicht beugen!
Ohne Geld erwirbst du keinen Ruhm.
Das Geld stellt dir die großen Zeugen.
Geld ist Wahrheit. Geld ist Heldentum.

Was dein Weib dir sagt, das sollst du ihr glauben.
Aber komme nicht ohne Geld zu ihr:
Ohne Geld wirst du sie deiner berauben
Ohne Geld bleibt bei dir nur das unvernünftige Tier.

Dem Geld erweisen die Menschen Ehren.
Das Geld wird über Gott gestellt.
Willst du deinem Feind die Ruhe im Grab verwehren
Schreibe auf seinen Stein: Hier ruht Geld.

Der Barbara-Song

Einst glaubte ich, als ich noch unschuldig war
Und das war ich einst grad so wie du –
Natürlich kommt auch zu mir einmal einer
Und dann muß ich wissen, was ich tu.
Und wenn er Geld hat, und wenn er nett ist
Und sein Kragen ist auch werktags rein
Und wenn er weiß, was sich bei einer Dame schickt
Dann sage ich ihm: Nein!
Da behält man seinen Kopf oben
Und man bleibt ganz allgemein.
Sicher scheint der Mond die ganze Nacht
Sicher wird das Boot am Ufer festgemacht
Aber weiter kann nichts sein.
Ja, da kann man sich doch nicht nur hinlegen
Ja, da muß man kalt und herzlos sein
Ja, da könnte doch viel geschehen
Ach, da gibt's überhaupt nur: Nein!

Der erste, der kam, war ein Mann aus Kent
Der war, wie ein Mann sein soll.
Der zweite hatte drei Schiffe im Hafen
Und der dritte war nach mir toll.
Und als sie Geld hatten und als sie nett waren
Und ihr Kragen war auch werktags rein
Und als sie wußten, was sich bei einer Dame schickt
Da sagte ich ihnen: Nein.
Da behielt ich meinen Kopf oben
Und ich blieb ganz allgemein.
Sicher schien der Mond die ganze Nacht
Sicher war das Boot am Ufer festgemacht
Aber weiter konnte nichts sein.
Ja, da kann man sich doch nicht nur hinlegen

Ja, da mußt ich kalt und herzlos sein.
Ja, da konnte doch viel geschehen
Ach, da gab's überhaupt nur: Nein!

Jedoch eines Tags, und der Tag war blau
Kam einer, der mich nicht bat.
Und er hängte seinen Hut an den Nagel in meiner Kammer
Und ich wußte nicht mehr, was ich tat.
Und als er kein Geld hatte, und als er nicht nett war
Und sein Kragen war auch am Sonntag nicht rein
Und als er nicht wußte, was sich bei einer Dame schickt
Zu ihm sagte ich nicht: Nein.
Da behielt ich meinen Kopf nicht oben
Und ich blieb nicht allgemein.
Ach, es schien der Mond die ganze Nacht
Ach, es ward das Boot vom Ufer losgemacht
Und es konnte gar nicht anders sein.
Ja, da muß man sich doch einfach hinlegen
Ach, da kann man doch nicht kalt und herzlos sein.
Ach, da mußte so viel geschehen
Ja, da gab's überhaupt kein Nein!

Die Seeräuberjenny

Meine Herrn, heute sehn Sie mich Gläser abwaschen
Und ich mache das Bett für jeden
Und Sie geben mir einen Penny und ich bedanke mich
schnell
Und Sie sehen meine Lumpen und dies lumpige Hotel
Und Sie wissen nicht, mit wem Sie reden.
Aber eines Abends wird ein Geschrei sein am Hafen
Und man fragt: »Was ist das für ein Geschrei?«
Und man wird mich lächeln sehn bei meinen Gläsern
Und man sagt: »Was lächelt die dabei?«
Und ein Schiff mit acht Segeln
Und mit fünfzig Kanonen
Wird liegen am Kai.

Man sagt: »Geh, wisch deine Gläser, mein Kind«
Und man reicht mir den Penny hin
Und der Penny wird genommen und das Bett wird gemacht
Es wird keiner mehr drin schlafen in dieser Nacht
Und sie wissen immer noch nicht, wer ich bin.
Aber eines Abends wird ein Getös sein am Hafen
Und man fragt: »Was ist das für ein Getös?«
Und man wird mich stehen sehn hinterm Fenster
Und man fragt: »Was lächelt die so bös?«
Und das Schiff mit acht Segeln
Und mit fünfzig Kanonen
Wird beschießen die Stadt.

Meine Herren, da wird wohl ihr Lachen aufhörn
Denn die Mauern werden fallen hin
Und die Stadt wird gemacht dem Erdboden gleich
Nur ein lumpiges Hotel wird verschont von jedem Streich
Und man fragt: »Wer wohnt Besonderer darin?«

Und in dieser Nacht wird ein Geschrei um das Hotel sein
Und man fragt: »Warum wird das Hotel verschont?«
Und man wird mich sehen treten aus der Tür gen Morgen
Und man sagt: »Die hat darin gewohnt?«
Und das Schiff mit acht Segeln
Und mit fünfzig Kanonen
Wird beflaggen den Mast.

Und es werden kommen Hundert gen Mittag an Land
Und werden in den Schatten treten
Und fangen einen jeglichen aus jeglicher Tür
Und legen in Ketten und bringen zu mir
Und fragen: »Welchen sollen wir töten?«
Und an diesem Mittag wird es still sein am Hafen
Wenn man fragt, wer wohl sterben muß
Und dann werden sie mich sagen hören: »Alle!«
Und wenn dann der Kopf fällt, sag ich: »Hoppla!«
Und das Schiff mit acht Segeln
Und mit fünfzig Kanonen
Wird entschwinden mit mir.

Lied der Jenny

Meine Herrn, meine Mutter prägte
Auf mich ein schlimmes Wort
Das Kind wird enden im Schauhaus
Oder an einem noch schlimmeren Ort.
Ja, so ein Wort, das ist leicht gesagt
Aber ich sage euch, daraus
Wird nichts
Das könnt ihr nicht machen
Mit mir
Was aus mir noch wird, das
Werden wir sehen
Ein Mensch ist kein Tier.
Aber ich sage euch, daraus
Wird nichts
Das könnt ihr nicht machen
Mit mir
Was aus mir noch wird, das
Werden wir sehen
Ein Mensch ist kein Tier.
Denn wie man sich bettet, so liegt man
Es deckt einen keiner da zu
Und wenn einer tritt, dann bin ich es
Und wird einer getreten, dann bist's du.

Meine Herrn, mein Freund, der sagte
Mir damals ins Gesicht
Das Größte auf Erden ist Liebe
An morgen denkt man da nicht.
Ja Liebe, das ist leicht gesagt
Aber solang der Mensch jeden Tag älter wird
Und nicht jünger
Ist Liebe Dreck

Da wird man nicht nach Liebe gefragt
Da muß man seine Zeit benützen
Sonst schwimmt einem eben alles weg.
Aber ich sage euch, daraus
Wird nichts
Das könnt ihr nicht machen
Mit mir
Was aus mir noch wird, das
Werden wir sehen
Ein Mensch ist kein Tier.
Aber ich sage euch, daraus
Wird nichts
Das könnt ihr nicht machen
Mit mir
Was aus mir noch wird, das
Werden wir sehen
Ein Mensch ist kein Tier.
Denn wie man sich bettet, so liegt man
Es deckt einen keiner da zu
Und wenn einer tritt, dann bin ich es
Und wird einer getreten, dann bist's du.

Ich kann nicht mit dir rumgehn, Jimmy
Ja Jimmy, es tut mir leid
Du bist mir noch der Liebste, aber
Du stiehlst mir meine Zeit
Ich muß die kurze Zeit benützen
Jimmy
Sonst schwimmt mir alles weg
Ich habe nur eine Jugend und
Die langt nicht
Weißt du, Jimmy
Ich bin ein Dreck.
Ach Jimmy, meine Mutter prägte
Auf mich ein schlimmes Wort

Ich würde enden im Schauhaus
Oder an einem noch schlimmeren Ort.
Aber ich sage euch, daraus
Wird nichts
Das könnt ihr nicht machen
Mit mir
Was aus mir noch wird, das
Werden wir sehen
Ein Mensch ist kein Tier.
Aber ich sage euch, daraus
Wird nichts
Das könnt ihr nicht machen
Mit mir
Was aus mir noch wird, das
Werden wir sehen
Ein Mensch ist kein Tier.
Denn wie man sich bettet, so liegt man
Es deckt einen keiner da zu
Und wenn einer tritt, dann bin ich es
Und wird einer getreten, dann bist's du.

1
Ohne Einladung
Sind wir gekommen
700 (und viele sind noch unterwegs)
Überall her, wo kein Wind mehr weht
Von den Mühlen, die langsam mahlen, und
Von den Öfen, hinter denen es heißt
Daß kein Hund mehr vorkommt.

2
Und haben dich gesehen
Plötzlich über Nacht
Öltank.

3
Gestern warst du noch nicht da
Aber heute
Bist nur du mehr.

4
Eilet herbei, alle!
Die ihr absägt den Ast, auf dem ihr sitzet
Werktätige!
Gott ist wiedergekommen
In Gestalt eines Öltanks.

5
Du Häßlicher
Du bist der Schönste!
Tue uns Gewalt an
Du Sachlicher!
Lösche aus unser Ich!

Mache uns kollektiv!
Denn nicht, wie wir wollen:
Sondern, wie du willst.

6
Du bist nicht gemacht aus Elfenbein
Und Ebenholz, sondern aus
Eisen.
Herrlich! Herrlich! Herrlich!
Du Unscheinbarer!

7
Du bist kein Unsichtbarer
Nicht unendlich bist du!
Sondern sieben Meter hoch.
In dir ist kein Geheimnis
Sondern Öl.
Und du verfährst mit uns
Nicht nach Gutdünken noch unerforschlich
Sondern nach Berechnung.

8
Was ist für dich ein Gras?
Du sitzest darauf.
Wo ehedem ein Gras war
Da sitzest jetzt du, Öltank!
Und vor dir ist ein Gefühl
Nichts.

9
Darum erhöre uns
Und erlöse uns von dem Übel des Geistes.
Im Namen der Elektrifizierung
Des Fordschritts und der Statistik!

Ballade vom angenehmen Leben

Ihr Herrn, urteilt jetzt selbst: ist das ein Leben?
Ich finde nicht Geschmack an alledem
Als kleines Kind schon hörte ich mit Beben:
Nur wer im Wohlstand lebt, lebt angenehm.

Da preist man uns das Leben großer Geister
Das lebt mit einem Buch und nichts im Magen
In einer Hütte, daran Ratten nagen.
Mir bleibe man vom Leib mit solchem Kleister!
Das simple Leben lebe, wer da mag!
Ich habe (unter uns) genug davon

Kein Vögelchen, von hier bis Babylon
Vertrüge diese Kost nur einen Tag.
Was hilft da Freiheit, es ist nicht bequem
Nur wer im Wohlstand lebt, lebt angenehm.

Die Abenteurer mit dem kühnen Wesen
Und ihrer Gier, die Haut zu Markt zu tragen
Die stets so frei sind und die Wahrheit sagen
Damit die Spießer etwas Kühnes lesen
Wenn man sie sieht, wie das am Abend friert
Mit kalter Gattin stumm zu Bette geht
Und horcht, ob niemand klatscht und nichts versteht
Und trostlos in das Jahr fünftausend stiert –
Jetzt frag ich Sie nur noch: ist das bequem?
Nur wer im Wohlstand lebt, lebt angenehm.

Ich selber könnte mich durchaus begreifen
Wenn ich mich lieber groß und einsam sähe
Doch sah ich solche Leute aus der Nähe
Da sagt ich mir: das mußt du dir verkneifen.

Armut bringt außer Weisheit auch Verdruß
Und Kühnheit außer Ruhm auch bittre Mühn.
Jetzt warst du arm und einsam, weis und kühn
Jetzt machst du mit der Größe aber Schluß.
Dann löst sich ganz von selbst das Glücksproblem:
Nur wer im Wohlstand lebt, lebt angenehm.

Ballade von der Unzulänglichkeit
menschlichen Planens

Der Mensch lebt durch den Kopf.
Sein Kopf reicht ihm nicht aus.
Versuch es nur, von deinem Kopf
Lebt höchstens eine Laus.
Denn für dieses Leben
Ist der Mensch nicht schlau genug.
Niemals merkt er eben
Diesen Lug und Trug.

Ja, mach nur einen Plan!
Sei nur ein großes Licht!
Und mach dann noch 'nen zweiten Plan
Gehn tun sie beide nicht.
Denn für dieses Leben
Ist der Mensch nicht schlecht genug.
Doch sein höhres Streben
Ist ein schöner Zug.

Ja, renn nur nach dem Glück
Doch renne nicht zu sehr
Denn alle rennen nach dem Glück
Das Glück rennt hinterher.
Denn für dieses Leben
Ist der Mensch nicht anspruchslos genug.
Drum ist all sein Streben
Nur ein Selbstbetrug.

Der Mensch ist gar nicht gut
Drum hau ihm auf den Hut.
Hast du ihm auf den Hut gehaun
Dann wird er vielleicht gut.

Denn für dieses Leben
Ist der Mensch nicht gut genug
Darum haut ihm eben
Ruhig auf den Hut!

Die Ballade von den Prominenten

Ihr saht den weisen Salomon
Ihr wißt, was aus ihm wurd
Dem Mann war alles sonnenklar
Er verfluchte die Stunde seiner Geburt
Er sah, daß alles eitel war.
Wie groß und weis war Salomon
Und seht, da war es noch nicht Nacht
Da sah die Welt die Folgen schon:
Die Weisheit hatte ihn so weit gebracht.
Beneidenswert, wer frei davon!

Ihr saht die schöne Kleopatra
Ihr wißt, was aus ihr wurd
Zwei Kaiser fielen ihr zum Raub
Da hat sie sich zu Tod gehurt
Und welkte hin und wurde Staub.
Wie schön und groß war Babylon
Und seht, da war es noch nicht Nacht
Da sah die Welt die Folgen schon:
Die Schönheit hatte sie so weit gebracht.
Beneidenswert, wer frei davon!

Ihr saht den kühnen Cäsar dann
Ihr wißt, was aus ihm wurd
Der saß wie'n Gott auf 'nem Altar
Und wurde ermordet, wie ihr erfuhrt
Und zwar, als er am größten war.
Wie schrie der laut: Auch du, mein Sohn!
Denn seht, da war es noch nicht Nacht
Da sah die Welt sein Ende schon:
Die Kühnheit hatte ihn so weit gebracht.
Beneidenswert, wer frei davon!

Und jetzt seht ihr Macheath und mich
Gott weiß, was aus uns wird!
So groß war unsere Leidenschaft
Wo haben wir uns hin verirrt
Daß man ihn jetzt zum Galgen schafft!
Da seht jetzt unserer Sünde Lohn
Denn seht, jetzt ist es noch nicht Nacht
Da seht ihr unser Ende schon:
Die Leidenschaft hat uns soweit gebracht.
Beneidenswert, wer frei davon!

Die Moritat von Mackie Messer

Und der Haifisch, der hat Zähne
Und die trägt er im Gesicht
Und Macheath, der hat ein Messer
Doch das Messer sieht man nicht.

Und es sind des Haifischs Flossen
Rot, wenn dieser Blut vergießt
Mackie Messer trägt 'nen Handschuh
Drauf man keine Untat liest.

An der Themse grünem Wasser
Fallen plötzlich Leute um
Es ist weder Pest noch Cholera
Doch es heißt: Mackie geht um.

An 'nem schönen blauen Sonntag
Liegt ein toter Mann am Strand
Und ein Mensch geht um die Ecke
Den man Mackie Messer nennt.

Und Schmul Meier bleibt verschwunden
Und so mancher reiche Mann
Und sein Geld hat Mackie Messer
Dem man nichts beweisen kann.

Jenny Towler ward gefunden
Mit 'nem Messer in der Brust
Und am Kai geht Mackie Messer
Der von allem nichts gewußt.

Wo ist Alfons gleich, der Fuhrherr?
Kommt das je ans Sonnenlicht?
Wer es immer wissen könnte
Mackie Messer weiß es nicht.

Und das große Feuer in Soho
Sieben Kinder und ein Greis
In der Menge Mackie Messer, den
Man nichts fragt, und der nichts weiß.

Und die minderjähr'ge Witwe
Deren Namen jeder weiß
Wachte auf und war geschändet
Mackie welches war dein Preis?

Liebeslied

»Siehst du den Mond über Soho?«
»Ich sehe ihn, Lieber
Fühlst du mein Herz schlagen, Geliebter?«
»Ich fühle es, Geliebte.«
»Wo du hingehst, da will ich auch hingehn.«
»Und wo du bleibst, da will ich auch sein.
Und gibt es kein Schriftstück vor dem Standesamt
Und keine Lichter auf dem Altar
Und weiß ich auch nicht, woher dein Brautkleid stammt
Und ist keine Myrte im Haar.
Der Teller, von welchem du ißt dein Brot
Schau ihn nicht lang an, wirf ihn fort!
Die Liebe dauert oder dauert nicht
An dem oder jenem Ort.«

Schlußchoral

»Verfolgt das Unrecht nicht zu sehr. In Bälde
Erfriert es schon von selbst, denn es ist kalt.
Bedenkt das Dunkel und die große Kälte
In diesem Tale, das von Jammer schallt.«

Terzinen über die Liebe

Sieh jene Kraniche in großem Bogen!
Die Wolken, welche ihnen beigegeben
Zogen mit ihnen schon, als sie entflogen

Aus einem Leben in ein andres Leben.
In gleicher Höhe und mit gleicher Eile
Scheinen sie alle beide nur daneben.

Daß also keines länger hier verweile
Daß so der Kranich mit der Wolke teile
Den schönen Himmel, den sie kurz befliegen

Und keines andres sehe als das Wiegen
Des andern in dem Wind, den beide spüren
Die jetzt im Fluge beieinander liegen.

So mag der Wind sie in das Nichts entführen:
Wenn sie nur nicht vergehen und sich bleiben
So lange kann sie beide nichts berühren

So lange kann man sie von jedem Ort vertreiben
Wo Regen drohen oder Schüsse schallen.
So unter Sonn und Monds wenig verschiedenen Scheiben

Fliegen sie hin, einander ganz verfallen.

Wohin, ihr?
                Nirgendhin.

Von wem entfernt?
                Von allen.

Ihr fragt, wie lange sind sie schon beisammen?
Seit kurzem.

          Und wann werden sie sich trennen?

                    Bald.

So scheint die Liebe Liebenden ein Halt.

Zuhälterballade

In einer Zeit, die jetzt vergangen ist
Lebten wir schon zusammen: sie und ich.
Und zwar von meinem Kopf und ihrem Bauch:
Ich schützte sie und sie ernährte mich.
Es geht auch anders, doch so geht's auch.
Und wenn ein Freier kam, kroch ich aus unserm Bett
Und drückte mich zu'n Kirsch und war sehr nett
Und wenn er blechte, sprach ich zu ihm: »Herr
Wenn Sie mal wieder wollen – bitte sehr.«
So hielten wir's ein gutes halbes Jahr
In dem Bordell, wo unser Haushalt war.

In jener Zeit, die jetzt vergangen ist
Hat er mich manches liebe Mal gestemmt.
Nur wenn kein Zaster war, hat er mich angehaucht
Da hieß es gleich: »Du, ich versetz dein Hemd!
Ein Hemd, ganz gut, doch ohne geht es auch!«
Da wurd ich aber tückisch, ja, na weißte
Ich fragt ihn manchmal direkt, was er sich erdreiste
Da hat er mir aber eine ins Zahnfleisch gelangt
Da bin ich manchmal direkt darauf erkrankt.
Das war so schön in diesem halben Jahr
In dem Bordell, wo unser Haushalt war.

Die 3. Strophe behandelt den heiklen Zustand, in den das Paar
durch die Schwangerschaft des Mädchens gerät. Sie soll wegen
ihrer Unfeinheit nicht gedruckt werden.

Lied der Lyriker
(als schon im ersten Drittel des 20. Jahrhunderts für
Gedichte nichts mehr gezahlt wurde.)

1

Das, was ihr hier lest, ist in Versen geschrieben!
Ich sage das, weil ihr vielleicht nicht mehr wißt
Was ein Gedicht und auch: was ein Dichter ist!
Wirklich, ihr habt es mit uns nicht zum besten getrieben!

2

Sagt, habt ihr nichts bemerkt? Habt ihr gar nichts zu
                                                    fragen?
Fiel's euch nicht auf, daß schon lang kein Gedicht mehr
                                                    erschien?
Wißt ihr warum? Nun schön, ich will es euch sagen:
Früher las man den Dichter und man bezahlte ihn.

3

Heute wird nichts mehr bezahlt für Gedichte. Das ist es.
Darum wird heut auch kein Gedicht mehr geschrieben!
Denn der Dichter fragt auch: wer bezahlt es? Und nicht *nur:*
                                                    wer liest es?
Und wenn er nicht bezahlt wird, dann dichtet er nicht! So
                                                    weit habt ihr's getrieben!
4

Aber warum nur? so fragt er, was hab ich verbrochen?
Hab ich nicht immer getan, was verlangt wurd von denen,
                                                    die zahlen?
Hielt ich ihnen nicht immer das, was ich versprochen?
Und jetzt höre ich auch von denen, die Bilder malen

5

Daß kein Bild mehr gekauft wird! Und auch die Bilder
Waren doch immer geschmeichelt! Jetzt stehn sie im
                                                    Speicher ...
Habt ihr was gegen uns? Warum wollt ihr nicht zahlen?
Wie wir doch lesen, werdet ihr reicher und reicher ...

6

Haben wir nicht, wenn wir genügend im Magen
Hatten, euch alles besungen, was ihr auf Erden genossen?
Daß ihr es nochmals genösset: das Fleisch eurer Weiber!
Trauer des Herbstes! Den Bach und wie er durch Mondlicht
                                                    geflossen ...

7

Eurer Früchte Süße! Geräusch des fallenden Laubes!
Wieder das Fleisch eurer Weiber! Das Unsichtbare
Über euch! Selbst: euer Gedenken des Staubes
In den ihr euch einst verwandelt am End eurer Jahre!

8

Und nicht nur das habt ihr gerne bezahlt! Auch das, was
                                                    wir denen
Sagten, die nicht wie ihr auf die goldenen Stühle gesetzt
                                                    sind
Habt ihr sonst immer bezahlt! Dies Trocknen der Tränen!
Und dies Trösten derer, die von euch verletzt sind!

9

Vieles haben wir euch geleistet! Und nie uns geweigert!
Stets unterwarfen wir uns! Und sagten doch höchstens:
                                                    Bezahl es!
Wieviel Untat haben wir so verübt! Für euch! Wieviel
                                                    Untat!
Und wir begnügten uns stets mit den Resten des Mahles!

10

Ach, vor eure in Dreck und Blut versunkene Karren
Haben wir noch immer unsere großen Wörter gespannt!
Euren Viehhof der Schlachten haben wir »Feld der Ehre«
Eure Kanonen »erzlippige Brüder« genannt.

11

Auf die Zettel, die für euch Steuern verlangten
Haben wir die erstaunlichsten Bilder gemalt
Unsere anfeuernden Lieder brüllend
Haben sie euch immer wieder die Steuern bezahlt!

12

Wir haben die Wörter studiert und gemischt wie Drogen
Und nur die besten und allerstärksten verwandt
Die sie von euch bezogen, haben sie eingesogen
Und waren wie Lämmer in eurer Hand!

13

Euch selber haben wir stets mit was ihr nur wolltet
                              verglichen
Meistens mit solchen, die auch schon mit Unrecht gefeiert
                              wurden von solchen
Die wie wir ohne Warmes im Magen Gönner umstrichen
Und eure Feinde verfolgten wir wild mit Gedichten wie
                              Dolchen.

14

Warum also besucht ihr plötzlich nicht mehr unsre
                              Märkte?
Sitzt nicht so lange beim Essen! Uns werden die Reste ja
                              kalt!
Warum bestellt ihr nichts mehr bei uns? kein Bild? nicht ein
                              Loblied?
Glaubt ihr etwa auf einmal, daß ihr so, wie ihr seid, gefallt?

15

Hütet euch, ihr! ihr könnt uns durchaus nicht entbehren!
Wenn wir nur wüßten, wie euer Aug auf uns lenken!
Glaubt uns, ihr Herren, daß wir heut billiger wären!
Freilich können wir euch unsere Bilder und Verse nicht
$\qquad$ schenken!

16

Als ich das, was ihr hier lest (ach, lest ihr's), begonnen
Wollte ich auch jede dritte Zeile in Reimen verfassen
Aber da war mir die Arbeit zu groß. Ich gesteh es nicht
$\qquad$ gerne
Und ich dachte: wer soll das bezahlen? und hab es gelassen.

Lob der Dialektik

Das Unrecht geht heute einher mit sicherem Schritt.
Die Unterdrücker richten sich ein auf zehntausend Jahre.
Die Gewalt versichert: So, wie es ist, bleibt es.
Keine Stimme ertönt außer der Stimme der Herrschenden
Und auf den Märkten sagt die Ausbeutung laut: Jetzt
                                        beginne ich erst.
Aber von den Unterdrückten sagen viele jetzt:
Was wir wollen, geht niemals.

Wer noch lebt, sage nicht: niemals!
Das Sichere ist nicht sicher.
So, wie es ist, bleibt es nicht.
Wenn die Herrschenden gesprochen haben
Werden die Beherrschten sprechen.
Wer wagt zu sagen: niemals?
An wem liegt es, wenn die Unterdrückung bleibt? An uns.
An wem liegt es, wenn sie zerbrochen wird? Ebenfalls an
                                                    uns.
Wer niedergeschlagen wird, der erhebe sich!
Wer verloren ist, kämpfe!
Wer seine Lage erkannt hat, wie soll der aufzuhalten sein?
Denn die Besiegten von heute sind die Sieger von morgen
Und aus Niemals wird: Heute noch!

Aus den ›Sonetten‹

Das erste Sonett

Als wir zerfielen einst in DU und ICH
Und unsere Betten standen HIER und DORT
Ernannten wir ein unauffällig Wort
Das sollte heißen: ich berühre dich.

Es scheint: solch Redens Freude sei gering
Denn das Berühren selbst ist unersetzlich
Doch wenigstens wurd »sie« so unverletzlich
Und aufgespart wie ein gepfändet Ding.

Blieb zugeeignet und wurd doch entzogen
War nicht zu brauchen und war doch vorhanden
War wohl nicht da, doch wenigstens nicht fort

Und wenn um uns die fremden Leute standen
Gebrauchten wir geläufig dieses Wort
Und wußten gleich: wir waren uns gewogen.

Das neunte Sonett

Als du das Vögeln lerntest, lehrt ich dich
So vögeln, daß du mich dabei vergaßest
Und deine Lust von meinem Teller aßest
Als liebtest du die Liebe und nicht mich.

Ich sagte: tut nichts, wenn du mich vergißt
Als freutest du dich eines andern Manns!
Ich geb nicht mich, ich geb dir einen *Schwanz*
Er tut dir nicht nur gut, weil's meiner ist.

Wenn ich so wollte, daß du untertauchst
In deinem eignen Fleische, wollt ich nie
Daß du mir eine wirst, die da gleich schwimmt
Wenn einer aus Versehn hinkommt an sie.
Ich wollte, daß du nicht viel Männer brauchst
Um einzusehn, was dir vom Mann bestimmt.

Achtes Sonett

Nachts, wo die Wäsche an der Hecke hing …
Am Bach im Wald, du standest, rings war Wildnis …
Im kleinen Holzbett, unterm Bronzebildnis …
Auf schwedischen Bett im Arbeitsraum; er fing

Eben zu trocknen an… am Hang, bei großer Schräge …
Im Eck der Schreibstub, zwischen Fenster und Schrank …
Im Gasthof, der Petroleumofen stank …
Im Lagereck der Schreibstub, essensträge …

Im Kloster, durch Klaviere aufgebracht …
Möbliert, du warfst den Schlüssel vom Balkon …
Im einen Zimmer des Hotels … in beiden …

Im Vaterland der Werktätigen … schon
Zu jeder Stund des Tags … und auch der Nacht …
In gut vier Ländern … allen Jahreszeiten …

Deutschland

Mögen andere von ihrer Schande
sprechen, ich spreche von der meinen

O Deutschland, bleiche Mutter!
Wie sitzest du besudelt
Unter den Völkern.
Unter den Befleckten
Fällst du auf.

Von deinen Söhnen der ärmste
Liegt erschlagen.
Als sein Hunger groß war
Haben deine anderen Söhne
Die Hand gegen ihn erhoben.
Das ist ruchbar geworden.

Mit ihren so erhobenen Händen
Erhoben gegen ihren Bruder
Gehen sie jetzt frech vor dir herum
Und lachen in dein Gesicht
Das weiß man.

In deinem Hause
Wird laut gebrüllt was Lüge ist
Aber die Wahrheit
Muß schweigen.
Ist es so?

Warum preisen dich ringsum die Unterdrücker, aber
Die Unterdrückten beschuldigen dich?
Die Ausgebeuteten
Zeigen mit Fingern auf dich, aber

Die Ausbeuter loben das System
Das in deinem Hause ersonnen wurde!

Und dabei sehen dich alle
Den Zipfel deines Rockes verbergen, der blutig ist
Vom Blut deines
Besten Sohnes.

Hörend die Reden, die aus deinem Hause dringen, lacht
                                                    man.
Aber wer dich sieht, der greift nach dem Messer
Wie beim Anblick einer Räuberin.

O Deutschland, bleiche Mutter!
Wie haben deine Söhne dich zugerichtet
Daß du unter den Völkern sitzest
Ein Gespött oder eine Furcht!

Ich benötige keinen Grabstein, aber
Wenn ihr einen für mich benötigt
Wünschte ich, es stünde darauf:
Er hat Vorschläge gemacht. Wir
Haben sie angenommen.
Durch eine solche Inschrift wären
Wir alle geehrt.

An die Nachgeborenen

I

Wirklich, ich lebe in finsteren Zeiten!

Das arglose Wort ist töricht. Eine glatte Stirn
Deutet auf Unempfindlichkeit hin. Der Lachende
Hat die furchtbare Nachricht
Nur noch nicht empfangen.

Was sind das für Zeiten, wo
Ein Gespräch über Bäume fast ein Verbrechen ist
Weil es ein Schweigen über so viele Untaten einschließt!
Der dort ruhig über die Straße geht
Ist wohl nicht mehr erreichbar für seine Freunde
Die in Not sind?

Es ist wahr: ich verdiene noch meinen Unterhalt
Aber glaubt mir: das ist nur ein Zufall. Nichts
Von dem, was ich tue, berechtigt mich dazu, mich satt zu
                                                        essen.
Zufällig bin ich verschont. (Wenn mein Glück aussetzt
Bin ich verloren.)

Man sagt mir: iß und trink du! Sei froh, daß du hast!
Aber wie kann ich essen und trinken, wenn
Ich es dem Hungernden entreiße, was ich esse, und
Mein Glas Wasser einem Verdurstenden fehlt?
Und doch esse und trinke ich.

Ich wäre gerne auch weise
In den alten Büchern steht, was weise ist:
Sich aus dem Streit der Welt halten und die kurze Zeit

Ohne Furcht verbringen
Auch ohne Gewalt auskommen
Böses mit Gutem vergelten
Seine Wünsche nicht erfüllen, sondern vergessen
Gilt für weise.
Alles das kann ich nicht:
Wirklich, ich lebe in finsteren Zeiten!

2

In die Städte kam ich zu der Zeit der Unordnung
Als da Hunger herrschte.
Unter die Menschen kam ich zu der Zeit des Aufruhrs
Und ich empörte mich mit ihnen.
So verging meine Zeit
Die auf Erden mir gegeben war.

Mein Essen aß ich zwischen den Schlachten
Schlafen legte ich mich unter die Mörder
Der Liebe pflegte ich achtlos
Und die Natur sah ich ohne Geduld.
So verging meine Zeit
Die auf Erden mir gegeben war.

Die Straßen führten in den Sumpf zu meiner Zeit
Die Sprache verriet mich dem Schlächter
Ich vermochte nur wenig. Aber die Herrschenden
Saßen ohne mich sicherer, das hoffte ich.
So verging meine Zeit
Die auf Erden mir gegeben war.

Die Kräfte waren gering. Das Ziel
Lag in großer Ferne

Es war deutlich sichtbar, wenn auch für mich
Kaum zu erreichen.

So verging meine Zeit
Die auf Erden mir gegeben war.

3

Ihr, die ihr auftauchen werdet aus der Flut
In der wir untergegangen sind
Gedenkt
Wenn ihr von unsern Schwächen sprecht
Auch der finsteren Zeit
Der ihr entronnen seid.

Gingen wir doch, öfter als die Schuhe die Länder wechselnd
Durch die Kriege der Klassen, verzweifelt
Wenn da nur Unrecht war und keine Empörung.

Dabei wissen wir ja:
Auch der Haß gegen die Niedrigkeit
Verzerrt die Züge.
Auch der Zorn über das Unrecht
Macht die Stimme heiser. Ach, wir
Die wir den Boden bereiten wollten für Freundlichkeit
Konnten selber nicht freundlich sein.

Ihr aber, wenn es soweit sein wird
Daß der Mensch dem Menschen ein Helfer ist
Gedenkt unsrer
Mit Nachsicht.

Die Auswanderung der Dichter

Homer hatte kein Heim
Und Dante mußte das seine verlassen.
Li-Po und Tu-Fu irrten durch Bürgerkriege
Die 30 Millionen Menschen verschlangen
Dem Euripides drohte man mit Prozessen
Und dem sterbenden Shakespeare hielt man den Mund zu.
Den François Villon suchte nicht nur die Muse
Sondern auch die Polizei
»Der Geliebte« genannt
Ging Lukrez in die Verbannung
So Heine und so auch floh
Brecht unter das dänische Strohdach.

Ulm 1592

Bischof, ich kann fliegen
Sagte der Schneider zum Bischof.
Paß auf, wie ich's mach!
Und er stieg mit so 'nen Dingen
Die aussahn wie Schwingen
Auf das große, große Kirchendach.
Der Bischof ging weiter.
Das sind lauter so Lügen
Der Mensch ist kein Vogel
Es wird nie ein Mensch fliegen
Sagte der Bischof vom Schneider.

Der Schneider ist verschieden
Sagten die Leute dem Bischof.
Es war eine Hatz.
Seine Flügel sind zerspellet
Und er liegt zerschellet
Auf dem harten, harten Kirchenplatz.
Die Glocken sollen läuten
Es waren nichts als Lügen
Der Mensch ist kein Vogel
Es wird nie ein Mensch fliegen
Sagte der Bischof den Leuten.

Zeit meines Reichtums

Sieben Wochen meines Lebens war ich reich.
Vom Ertrag eines Stückes erwarb ich
Ein Haus in einem großen Garten. Ich hatte es
Mehr Wochen betrachtet, als ich es bewohnte. Zu
                        verschiedenen Tageszeiten
Und auch des Nachts ging ich erst vorbei, zu sehen
Wie die alten Bäume über den Wiesen stünden
                      in der Frühdämmerung
Oder der Teich mit den moosigen Karpfen lag, vormittags,
                            bei Regen
Die Hecken zu sehen in der vollen Sonne des Mittags
Die weißen Rhododendrenbüsche am Abend, nach
                      dem Vesperläuten.
Dann zog ich ein mit den Freunden. Mein Wagen
Stand unter den Fichten. Wir sahen uns um: von keiner
                           Stelle aus
Sah man dieses Gartens Grenzen alle, die Neigungen
                    der Rasenflächen
Und die Baumgruppen verhinderten, daß die Hecken sich
                        erblickten.
Auch das Haus war schön. Die Treppe aus edlem Holz,
                    sachkundig behandelt
Flachstufig mit schönmaßigem Geländer. Die geweißneten
                       Stuben
Hatten getäfelte Hölzer zur Decke. Mächtige eiserne Öfen
Von zierlichster Gestalt trugen getriebene Bildnisse:
                    arbeitende Bauern.
In den kühlen Flur mit den eichenen Bänken und Tischen
Führten starke Türen, ihre Erzklinken
Waren nicht die erstbesten, und die Steinfliesen um
                    das bräunliche Haus
Waren glatt und eingesunken von den Tritten

Früherer Bewohner. Was für wohltuende Maße! Jeder
                                    Raum anders
Und jeder der beste! Und wie veränderten sich alle mit
                            den Tageszeiten!
Den Wandel der Jahreszeiten, sicher köstlich, erlebten wir
                                    nicht, denn
Nach sieben Wochen echten Reichtums verließen wir
                            das Besitztum, bald
Flohen wir über die Grenze.

Die Lust des Besitzes fühlte ich tief und ich bin froh
Sie gefühlt zu haben. Durch meinen Park zu gehen, Gäste
                                    zu haben
Baupläne zu erörtern, wie andere meines Berufs vor mir
Gefiel mir, ich gestehe es. Doch scheinen mir sieben
                                Wochen genug.
Ich ging ohne Bedauern, oder mit geringem Bedauern. Dies
                                schreibend
Hatte ich schon Mühe, mich zu erinnern. Wenn ich mich
                                    frage
Wieviele Lügen zu sagen ich bereit wäre, diesen Besitz
                                zu halten
Weiß ich, es sind nicht viele. Also, hoffe ich
War es nicht schlecht, dieses Besitztum zu haben. Es war
Nicht wenig, aber
Es gibt mehr.

Ballade von der Judenhure Marie Sanders

1

In Nürnberg machten sie ein Gesetz
Darüber weinte manches Weib, das
Mit dem falschen Mann im Bett lag.
»Das Fleisch schlägt auf in den Vorstädten
Die Trommeln schlagen mit Macht
Gott im Himmel, wenn sie etwas vorhätten
Wäre es heute nacht.«

2

Marie Sanders, dein Geliebter
Hat zu schwarzes Haar.
Besser, du bist heute zu ihm nicht mehr
Wie du zu ihm gestern warst.
»Das Fleisch schlägt auf in den Vorstädten
Die Trommeln schlagen mit Macht
Gott im Himmel, wenn sie etwas vorhätten
Wäre es heute nacht.«

3

Mutter, gib mir den Schlüssel
Es ist alles halb so schlimm.
Der Mond sieht aus wie immer.
»Das Fleisch schlägt auf in den Vorstädten
Die Trommeln schlagen mit Macht
Gott im Himmel, wenn sie etwas vorhätten
Wäre es heute nacht.«

4

Eines Morgens, früh um neun Uhr
Fuhr sie durch die Stadt
Im Hemd, um den Hals ein Schild, das Haar geschoren.

Die Gasse johlte. Sie
Blickte kalt.
Das Fleisch schlägt auf in den Vorstädten
Der Streicher spricht heute nacht.
Großer Gott, wenn sie ein Ohr hätten
Wüßten sie, was man mit ihnen macht.

Das Lieblingstier des Herrn Keuner

Als Herr Keuner gefragt wurde
Welches Tier er vor allem schätze
Nannte er den Elefanten und begründete dies so:
Der Elefant vereint List mit Stärke.
Das ist nicht die kümmerliche List, die ausreicht
Einer Nachstellung zu entgehen oder ein Essen zu ergattern
Indem man nicht auffällt, sondern die List
Welcher die Stärke zur Verfügung steht für
Große Unternehmungen. Wo dieses Tier war
Führt eine breite Spur. Dennoch ist es gutmütig
Es versteht Spaß. Es ist ein guter Freund
Wie es ein guter Feind ist. Sehr groß und schwer
Ist es doch auch sehr schnell. Sein Rüssel
Führt einem enormen Körper auch die kleinsten Speisen zu
Auch Nüsse. Seine Ohren sind verstellbar: es hört nur,
                                          was ihm paßt.
Es wird auch sehr alt. Es ist auch gesellig
Und dies nicht nur zu Elefanten. Überall
Ist es sowohl beliebt als auch gefürchtet.
Eine gewisse Komik
Macht es möglich, daß es sogar verehrt werden kann.
Es hat eine dicke Haut. Darin
Zerbrechen die Messer. Aber sein Gemüt ist zart.
Es kann traurig werden.
Es kann zornig werden.
Es tanzt gern. Es stirbt im Dickicht.
Es liebt Kinder und andere kleine Tiere.
Es ist grau und fällt nur durch seine Masse auf.
Es ist nicht eßbar.
Es kann gut arbeiten. Es trinkt gern und wird fröhlich.
Es tut etwas für die Kunst: es liefert Elfenbein

Fragen eines lesenden Arbeiters

Wer baute das siebentorige Theben?
In den Büchern stehen die Namen von Königen.
Haben die Könige die Felsbrocken herbeigeschleppt?
Und das mehrmals zerstörte Babylon
Wer baute es so viele Male auf? In welchen Häusern
Des goldstrahlenden Lima wohnten die Bauleute?
Wohin gingen an dem Abend, wo die chinesische Mauer
                                        fertig war
Die Maurer? Das große Rom
Ist voll von Triumphbögen. Wer errichtete sie? Über wen
Triumphierten die Cäsaren? Hatte das vielbesungene
                                        Byzanz
Nur Paläste für seine Bewohner? Selbst in dem
                                sagenhaften Atlantis
Brüllten in der Nacht, wo das Meer es verschlang
Die Ersaufenden nach ihren Sklaven.

Der junge Alexander eroberte Indien.
Er allein?
Cäsar schlug die Gallier.
Hatte er nicht wenigstens einen Koch bei sich?
Philipp von Spanien weinte, als seine Flotte
Untergegangen war. Weinte sonst niemand?
Friedrich der Zweite siegte im Siebenjährigen Krieg. Wer
Siegte außer ihm?

Jede Seite ein Sieg.
Wer kochte den Siegesschmaus?
Alle zehn Jahre ein großer Mann.
Wer bezahlte die Spesen?

So viele Berichte
So viele Fragen.

Lied des Stückeschreibers

I

Ich bin ein Stückeschreiber. Ich zeige
Was ich gesehen habe. Auf den Menschenmärkten
Habe ich gesehen, wie der Mensch gehandelt wird. Das
Zeige ich, ich, der Stückeschreiber.

Wie sie zueinander ins Zimmer treten mit Plänen
Oder mit Gummiknüppeln oder mit Geld
Wie sie auf den Straßen stehen und warten
Wie sie einander Fallen bereiten
Voller Hoffnung
Wie sie Verabredungen treffen
Wie sie einander aufhängen
Wie sie sich lieben
Wie sie die Beute verteidigen
Wie sie essen
Das zeige ich.

Die Worte, die sie einander zurufen, berichte ich.
Was die Mutter dem Sohn sagt
Was der Unternehmer dem Unternommenen befiehlt
Was die Frau dem Mann antwortet.
Alle die bittenden Worte, alle die herrischen
Die flehenden, die mißverständlichen
Die lügnerischen, die unwissenden
Die schönen, die verletzenden
Alle berichte ich.

Ich sehe da auftreten Schneefälle.
Ich sehe da nach vorn kommen Erdbeben.
Ich sehe da Berge stehen mitten im Wege

Und Flüsse sehe ich über die Ufer treten.
Aber die Schneefälle haben Hüte auf.
Die Erdbeben haben Geld in der Brusttasche.
Die Berge sind aus Fahrzeugen gestiegen
Und die reißenden Flüsse gebieten über Polizisten.

2

Um zeigen zu können, was ich sehe
Lese ich nach die Darstellungen anderer Völker und
                                                        anderer Zeitalter.
Ein paar Stücke habe ich nachgeschrieben, genau
Prüfend die jeweilige Technik und mir einprägend
Das, was mir zustatten kommt.
Ich studierte die Darstellungen der großen Feudalen
Durch die Engländer, reicher Figuren
Denen die Welt dazu dient, sich groß zu entfalten.
Ich studierte die moralisierenden Spanier
Die Inder, Meister der schönen Empfindungen
Und die Chinesen, welche die Familien darstellen
Und die bunten Schicksale in den Städten.

Marie Sander, dein Liebhaber
Hat die falsche Nase und sein Haar ist zu schwarz.
Es ist besser, du triffst ihn nicht mehr.

In Nürnberg machten sie ein Gesetz.
Deine Mutter setzte ihre Brille auf und las es dir vor.
Und dann weinte sie.

Ich streite mit niemandem, ob er schön ist.
Ich weiß nicht, ob er schön ist.
Wenn er mich anfäßt, werde ich naß.
Daher weiß ich, daß ich ihn liebe.

Eines Morgens, früh um neun Uhr
Fuhr sie durch die Stadt.
Im Hemd, mit geschorenem Haar, um den Hals ein Schild:
Ich bin mit einem Juden gegangen.
Die Menge johlte. Sie
Blickte kalt.

Über das Lehren ohne Schüler

Lehren ohne Schüler
Schreiben ohne Ruhm
Ist schwer.

Es ist schön, am Morgen wegzugehen
Mit den frisch beschriebenen Blättern
Zu dem wartenden Drucker, über den summenden Markt
Wo sie Fleisch verkaufen und Handwerkszeug
Du verkaufst Satze.

Der Fahrer ist schnell gefahren
Er hat nicht gefrühstückt
Jede Kurve war ein Risiko
Er tritt eilig in die Tür
Der, den er abholen wollte
Ist schon aufgebrochen.

Dort spricht der, dem niemand zuhört:
Er spricht zu laut
Er wiederholt sich
Er sagt Falsches
Er wird nicht verbessert.

Kuppellied

I

Ach, man sagt, des roten Mondes Anblick
Auf dem Wasser macht die Mädchen schwach
Und man spricht von eines Mannes Schönheit
Der ein Weib verfiel. Daß ich nicht lach!
Wo ich Liebe sah und schwache Knie
War's beim Anblick von – Marie.
Und das ist bemerkenswert:
Gute Mädchen lieben nie
Einen Herrn, der nichts verzehrt.
Doch sie können innig lieben
Wenn man ihnen was verehrt.
Und der Grund ist: Geld macht sinnlich
Wie uns die Erfahrung lehrt.

2

Ach, was soll des roten Mondes Anblick
Auf dem Wasser, wenn der Zaster fehlt?
Und was soll da eines Mannes oder Weibes Schönheit
Wenn man knapp ist und es sich verhehlt.
Wo ich Liebe sah und schwache Knie
War's beim Anblick von – Marie.
Und das ist bemerkenswert:
Wie soll er und wie soll sie
Sehnsuchtsvoll und unbeschwert
Auf den leeren Magen lieben?
Nein, mein Freund, das ist verkehrt.
Fraß macht warm und Geld macht sinnlich
Wie uns die Erfahrung lehrt.

Geflüchtet unter das dänische Strohdach, Freunde
Verfolg ich euren Kampf. Hier schick ich euch
Wie hin und wieder schon, ein paar Worte, aufgescheucht
Durch blutige Gesichte über Sund und Laubwerk.
Verwendet, was euch erreicht davon, mit Vorsicht!
Vergilbte Bücher, brüchige Berichte
Sind meine Unterlage. Sehen wir uns wieder
Will ich gern wieder in die Lehre gehn.

Svendborg 1939.

In den finsteren Zeiten
Wird da auch gesungen werden?
Da wird auch gesungen werden.
Von den finsteren Zeiten.

Wenn der Krieg beginnt
Werden eure Brüder sich vielleicht verändern
Daß ihre Gesichter nicht mehr kenntlich sind.
Aber ihr sollt gleichbleiben.

Sie werden in den Krieg gehen, nicht
Wie zu einer Schlachterei, sondern
Wie zu einem ernsten Werk. Alles
Werden sie vergessen haben.
Aber ihr sollt nichts vergessen haben.

Man wird euch Branntwein in den Hals gießen
Wie allen andern.
Aber ihr sollt nüchtern bleiben.

Die Schauspielerin im Exil

(Helene Weigel gewidmet)

Jetzt schminkt sie sich. In der weißen Zelle
Sitzt sie gebückt auf dem ärmlichen Hocker
Mit leichten Gebärden
Trägt sie vor dem Spiegel die Schminke auf.
Sorgsam entfernt sie von ihrem Gesicht
Jegliche Besonderheit: die leiseste Empfindung
Wird es verändern. Mitunter
Läßt sie die schmächtigen und edlen Schultern
Nach vorn fallen, wie die es tun, die
Hart arbeiten. Sie trägt schon die grobe Bluse
Mit den Flicken am Ärmel. Die Bastschuhe
Stehen noch auf dem Schminktisch.
Wenn sie fertig ist
Fragt sie eifrig, ob die Trommel schon gekommen ist
Auf der der Geschützdonner gemacht wird, und ob
                    das große Netz
Schon hängt. Dann steht sie auf, kleine Gestalt
Große Kämpferin
In die Bastschuhe zu treten und darzustellen
Den Kampf der andalusischen Fischersfrau
Gegen die Generäle.

Besuch bei den verbannten Dichtern

Als er im Traum die Hütte betrat der verbannten
Dichter, die neben der Hütte gelegen ist
Wo die verbannten Lehrer wohnen (er hörte von dort
Streit und Gelächter), kam ihm zum Eingang
Ovid entgegen und sagte ihm halblaut:
»Besser, du setzt dich noch nicht. Du bist noch nicht
                              gestorben. Wer weiß da
Ob du nicht doch noch zurückkehrst? Und ohne daß
                              andres sich ändert
Als du selber.« Doch, Trost in den Augen
Näherte Po Chü-i sich und sagte lächelnd: »Die Strenge
Hat sich jeder verdient, der nur einmal das Unrecht
                              benannte.«
Und sein Freund Tu-fu sagte still: »Du verstehst, die
                              Verbannung
Ist nicht der Ort, wo der Hochmut verlernt wird.« Aber
                              irdischer

Stellte sich der zerlumpte Villon zu ihnen und fragte:
                              »Wie viele
Türen hat das Haus, wo du wohnst?« Und es nahm ihn
                              der Dante beiseite
Und ihn am Ärmel fassend, murmelte er: »Deine Verse
Wimmeln von Fehlern, Freund, bedenk doch
Wer alles gegen dich ist!« Und Voltaire rief hinüber:
»Gib auf den Sou acht, sie hungern dich aus sonst!«
»Und misch Späße hinein!« schrie Heine. »Das hilft nicht«
Schimpfte der Shakespeare, »als Jakob kam
Durfte auch ich nicht mehr schreiben.« »Wenn's zum
                              Prozeß kommt
Nimm einen Schurken zum Anwalt!« riet der Euripides
»Denn der kennt die Löcher im Netz des Gesetzes.«
                              Das Gelächter

Dauerte noch, da, aus der dunkelsten Ecke
Kam ein Ruf: »Du, wissen sie auch
Deine Verse auswendig? Und die sie wissen
Werden sie der Verfolgung entrinnen?« »Das
Sind die Vergessenen«, sagte der Dante leise
»Ihnen wurden nicht nur die Körper, auch die Werke
                                        vernichtet.«
Das Gelächter brach ab. Keiner wagte hinüberzublicken.
                                        Der Ankömmling
War erblaßt.

Legende von der Entstehung des Buches Taoteking
auf dem Weg des Laotse in die Emigration

1
Als er siebzig war und war gebrechlich
Drängte es den Lehrer doch nach Ruh
Denn die Güte war im Lande wieder einmal schwächlich
Und die Bosheit nahm an Kräften wieder einmal zu.
Und er gürtete den Schuh.

2
Und er packte ein, was er so brauchte:
Wenig. Doch es wurde dies und das.
So die Pfeife, die er immer abends rauchte
Und das Büchlein, das er immer las.
Weißbrot nach dem Augenmaß.

3
Freute sich des Tals noch einmal und vergaß es
Als er ins Gebirg den Weg einschlug.
Und sein Ochse freute sich des frischen Grases
Kauend, während er den Alten trug.
Denn dem ging es schnell genug.

4
Doch am vierten Tag im Felsgesteine
Hat ein Zöllner ihm den Weg verwehrt:
»Kostbarkeiten zu verzollen?« – »Keine.«
Und der Knabe, der den Ochsen führte, sprach:
                                »Er hat gelehrt.«
Und so war auch das erklärt.

5

Doch der Mann in einer heitren Regung
Fragte noch: »Hat er was rausgekriegt?«
Sprach der Knabe: »Daß das weiche Wasser in Bewegung
Mit der Zeit den mächtigen Stein besiegt.
Du verstehst, das Harte unterliegt.«

6

Daß er nicht das letzte Tageslicht verlöre
Trieb der Knabe nun den Ochsen an.
Und die drei verschwanden schon um eine schwarze Föhre
Da kam plötzlich Fahrt in unsern Mann
Und er schrie: »He, du! Halt an!

7

Was ist das mit diesem Wasser, Alter?«
Hielt der Alte: »Intressiert es dich?«
Sprach der Mann: »Ich bin nur Zollverwalter
Doch wer wen besiegt, das intressiert auch mich.
Wenn du's weißt, dann sprich!

8

Schreib mir's auf! Diktier es diesem Kinde!
So was nimmt man doch nicht mit sich fort.
Da gibt's doch Papier bei uns und Tinte
Und ein Nachtmahl gibt es auch: ich wohne dort.
Nun, ist das ein Wort?«

9

Über seine Schulter sah der Alte
Auf den Mann: Flickjoppe. Keine Schuh.
Und die Stirne eine einzige Falte.
Ach, kein Sieger trat da auf ihn zu.
Und er murmelte: »Auch du?«

10

Eine höfliche Bitte abzuschlagen
War der Alte, wie es schien, zu alt.
Denn er sagte laut: »Die etwas fragen
Die verdienen Antwort.« Sprach der Knabe: »Es wird
auch schon kalt.«
»Gut, ein kleiner Aufenthalt.«

11

Und von seinem Ochsen stieg der Weise
Sieben Tage schrieben sie zu zweit.
Und der Zöllner brachte Essen (und er fluchte nur noch
leise
Mit den Schmugglern in der ganzen Zeit).
Und dann war's soweit.

12

Und dem Zöllner händigte der Knabe
Eines Morgens einundachtzig Sprüche ein
Und mit Dank für eine kleine Reisegabe
Bogen sie um jene Föhre ins Gestein.
Sagt jetzt: kann man höflicher sein?

13

Aber rühmen wir nicht nur den Weisen
Dessen Name auf dem Buche prangt!
Denn man muß dem Weisen seine Weisheit erst entreißen.
Darum sei der Zöllner auch bedankt:
Er hat sie ihm abverlangt.

Über Kants Definition der Ehe
in der »Metaphysik der Sitten«

Den Pakt zu wechselseitigem Gebrauch
Von den Vermögen und Geschlechtsorganen
Den der die Ehe nennt, nun einzumahnen
Erscheint mir dringend und berechtigt auch.

Ich höre, einige Partner sind da säumig.
Sie haben – und ich halt's nicht für gelogen –
Geschlechtsorgane kürzlich hinterzogen:
Das Netz hat Maschen und sie sind geräumig.

Da bleibt nur: die Gerichte anzugehn
Und die Organe in Beschlag zu nehmen.
Vielleicht wird sich der Partner dann bequemen

Sich den Kontrakt genauer anzusehn.
Wenn er sich nicht bequemt – ich fürcht es sehr –
Muß eben der Gerichtsvollzieher her.

Über Kleists Stück »Der Prinz von Homburg«

O Garten, künstlich in dem märkischen Sand!
O Geistersehn in preußischblauer Nacht!
O Held, von Todesfurcht ins Knien gebracht!
Ausbund von Kriegerstolz und Knechtsverstand!

Rückgrat, zerbrochen mit dem Lorbeerstock!
Du hast gesiegt, doch war's dir nicht befohlen.
Ach, da umhalst nicht Nike dich. Dich holen
Des Fürsten Büttel feixend in den Block.

So sehen wir ihn denn, der da gemeutert
Mit Todesfurcht gereinigt und geläutert
Mit Todesschweiß kalt unterm Siegeslaub.

Sein Degen ist noch neben ihm: in Stücken.
Tot ist er nicht, doch liegt er auf dem Rücken
Mit allen Feinden Brandenburgs in Staub.

Über Schillers Gedicht »Die Bürgschaft«

O edle Zeit, o menschliches Gebaren!
Der eine ist dem andern etwas schuld.
Der ist tyrannisch, doch er zeigt Geduld
Und läßt den Schuldner auf die Hochzeit fahren.

Der Bürge bleibt. Der Schuldner ist heraus.
Es weist sich, daß natürlich die Natur
Ihm manche Ausflucht bietet, jedoch stur
Kehrt er zurück und löst den Bürgen aus.

Solch ein Gebaren macht Verträge heilig.
In solchen Zeiten kann man auch noch bürgen.
Und, hat's der Schuldner mit dem Zahlen eilig

Braucht man ihn ja nicht allzustark zu würgen.
Und schließlich zeigte es sich ja auch dann:
Am End war der Tyrann gar kein Tyrann!

Über Shakespeares Stück »Hamlet«

In diesem Korpus, träg und aufgeschwemmt
Sagt sich Vernunft als böse Krankheit an
Denn wehrlos unter stahlgeschientem Clan
Steht der tiefsinnige Parasit im Hemd.

Bis sie ihn dann die Trommel hören lassen
Die Fortinbras den tausend Narren rührt
Die er zum Krieg um jenes Ländchen führt
»Zu klein, um ihre Leichen ganz zu fassen«.

Erst jetzt gelingt's dem Dicken, rot zu sehn.
Es wird ihm klar, er hat genug geschwankt.
Nun heißt's, zu (blutigen) Taten übergehn.

So daß man finster nickt, wenn man erfährt
Er hätte sich, wär er hinaufgelangt
Unfehlbar noch höchst königlich bewährt.

Ich bin aufgewachsen als Sohn
Wohlhabender Leute. Meine Eltern haben mir
Einen Kragen umgebunden und mich erzogen
In den Gewohnheiten des Bedientwerdens
Und unterrichtet in der Kunst des Befehlens. Aber
Als ich erwachsen war und um mich sah
Gefielen mir die Leute meiner Klasse nicht
Nicht das Befehlen und nicht das Bedientwerden
Und ich verließ meine Klasse und gesellte mich
Zu den geringen Leuten.

So
Haben sie einen Verräter aufgezogen, ihn unterrichtet
In ihren Künsten und er
Verrät sie dem Feind.

Ja, ich plaudere ihre Geheimnisse aus. Unter dem Volk
Stehe ich und erkläre
Wie sie betrügen, und sage voraus, was kommen wird,
                                                    denn ich
Bin in ihre Pläne eingeweiht.
Das Lateinisch ihrer bestochenen Pfaffen
Übersetze ich Wort für Wort in die gewöhnliche Sprache, da
Erweist es sich als Humbug. Die Waage ihrer Gerechtigkeit
Nehme ich herab und zeige
Die falschen Gewichte. Und ihre Angeber berichten ihnen
Daß ich mit den Bestohlenen sitze, wenn sie
Den Aufstand beraten.

Sie haben mich verwarnt und mir weggenommen
Was ich durch meine Arbeit verdiente. Und als ich mich
                                                    nicht besserte

Haben sie Jagd auf mich gemacht, aber
Da waren
Nur noch Schriften in meinem Haus, die ihre Anschläge
Gegen das Volk aufdeckten. So
Haben sie einen Steckbrief hinter mir hergesandt
Der mich niedriger Gesinnung beschuldigt, das ist
Der Gesinnung der Niedrigen.

Wo ich hinkomme, bin ich so gebrandmarkt
Vor allen Besitzenden, aber die Besitzlosen
Lesen den Steckbrief und
Gewähren mir Unterschlupf. Dich, höre ich da
Haben sie verjagt mit
Gutem Grund.

Ardens sed virens

Herrlich, was im schönen Feuer
Nicht zu kalter Asche kehrt!
Schwester, sieh, du bist mir teuer
Brennend, aber nicht verzehrt.

Viele sah ich schlau erkalten
Hitzige stürzen unbelehrt
Schwester, dich kann ich behalten
Brennend, aber nicht verzehrt.

Ach, für dich stand, wegzureiten
Hinterm Schlachtfeld nie ein Pferd
Darum sah ich dich mit Vorsicht streiten
Brennend, aber nicht verzehrt.

Lied des Glücksgotts

(M.S. gewidmet)

Freunde, wenn ich die Würfel euch werf
Kommt es, daß ich schaudre
Denn der Schlechte braucht nur Nerv
Aber Glück braucht der Lautre.

Und, wie's so ist, bei meinem Beruf
Heißt es, sich beeilen
Streckt eure Hände aus: in einen Huf
Kann ich nichts austeilen.

Bei meinem trüglichen Augenlicht
Hab ich oft dem Falschen gespendet
Wein und Weißbrot und Fleischgericht
War an den Kerl verschwendet.

Racker mich ab, bis ich keuch und schwitz
Und kann ihn nicht glücklich machen
Sorg für den allergepfeffertsten Witz
Aber er kann nicht lachen.

Unter uns, ich nehm gern Partei
Für die unruhigen Geister
Schenk ihnen grinsend ein fauliges Ei
Und find dann meinen Meister.

Ach, ich liefre fürs Leben gern
Ein Schiff und nicht nur einen Hafen.
Freunde, duldet nicht nur keinen Herrn
Sondern auch keinen Sklaven!

Freunde, dann mach ich aus Mühsal euch Spaß
Und kleidsame Narben aus Wunden.

Ja, die Unverschämten, das
Sind meine liebsten Kunden.

Freunde, ich bin ein billiger Gott
Und es gibt so viel teure!
Opfert ihr ihnen die Traube vom Pott
Opfert ihr mir nur die Säure!

Mutter Courages Lied

Herr Hauptmann, laß die Trommel ruhen
Und laß dein Fußvolk halten an:
Mutter Courage, die kommt mit Schuhen
In denen's besser laufen kann.
Mit seinen Läusen und Getieren
Bagasch, Kanone und Gespann –
Soll es dir in den Tod marschieren
So will es gute Schuhe han.
Das Frühjahr kommt. Wach auf, du Christ!
Der Schnee schmilzt weg. Die Toten ruhn.
Doch was noch nicht gestorben ist
Das macht sich auf die Socken nun.

Herr Hauptmann, deine Leut marschieren
Dir ohne Wurst nicht in den Tod.
Laß die Courage sie erst kurieren
Mit Wein von Leibs- und Geistesnot.
Kanonen auf die leeren Mägen
Herr Hauptmann, das ist nicht gesund
Doch sind sie satt, hab meinen Segen
Und führ sie in den Höllenschlund.
Das Frühjahr kommt. Wach auf, du Christ!
Der Schnee schmilzt weg. Die Toten ruhn.
Doch was noch nicht gestorben ist
Das macht sich auf die Socken nun.

So mancher wollt so manches haben
Was es für manchen gar nicht gab;
Er wollt sich schlau ein Schlupfloch graben
Und grub sich nur ein frühes Grab.
Schon manchen sah ich sich abjagen
In Eil nach einer Ruhestatt –

Liegt er dann drin, mag er sich fragen
Warum's ihm so geeilet hat.
Das Frühjahr kommt. Wach auf, du Christ!
Der Schnee schmilzt weg. Die Toten ruhn.
Doch was noch nicht gestorben ist
Das macht sich auf die Socken nun.

Von Ulm nach Metz, von Metz nach Mähren!
Mutter Courage ist dabei!
Der Krieg wird seinen Mann ernähren
Er braucht nur Pulver zu und Blei.
Von Blei allein kann er nicht leben
Von Pulver nicht, er braucht auch Leut!
Müßt's euch zum Regiment begeben
Sonst steht er um! So kommt noch heut!
Das Frühjahr kommt. Wach auf, du Christ!
Der Schnee schmilzt weg. Die Toten ruhn.
Doch was noch nicht gestorben ist
Das macht sich auf die Socken nun.

Mit seinem Glück, seiner Gefahre
Der Krieg, er zieht sich etwas hin:
Der Krieg, er dauert hundert Jahre
Der gmeine Mann hat kein'n Gewinn.
Ein Dreck sein Fraß, sein Rock ein Plunder!
Sein' halben Sold stiehlt's Regiment
Jedoch vielleicht geschehn noch Wunder:
Der Feldzug ist noch nicht zu End!
Das Frühjahr kommt. Wach auf, du Christ!
Der Schnee schmilzt weg. Die Toten ruhn.
Doch was noch nicht gestorben ist
Das macht sich auf die Socken nun.

Lob des Zweifels

Gelobt sei der Zweifel! Ich rate euch, begrüßt mir
Heiter und mit Achtung den
Der euer Wort wie einen schlechten Pfennig prüft!
Ich wollte, ihr wäret weise und gäbt
Euer Wort nicht allzu zuversichtlich.

Lest die Geschichte und seht
In wilder Flucht die unbesieglichen Heere.
Allenthalben
Stürzen unzerstörbare Festungen ein und
Wenn die auslaufende Armada unzählbar war
Die zurückkehrenden Schiffe
Waren zählbar.

So stand eines Tages ein Mann auf dem unbesteigbaren
                                                    Berg
Und ein Schiff erreichte das Ende des
Unendlichen Meers.

O schönes Kopfschütteln
Über der unbestreitbaren Wahrheit!
O tapfere Kur des Arztes
An dem rettungslos verlorenen Kranken!

Schönster aller Zweifel aber
Wenn die verzagten Geschwächten den Kopf heben und
An die Stärke ihrer Unterdrücker
Nicht mehr glauben!

Oh, wie war doch der Lehrsatz mühsam erkämpft!
Was hat er an Opfern gekostet!
Daß dies so ist und nicht etwa so

Wie schwer war's zu sehen doch!
Aufatmend schrieb ihn ein Mensch eines Tags in das
                              Merkbuch des Wissens ein.
Lange steht er vielleicht nun da drin und viele Geschlechter
Leben mit ihm und sehn ihn als ewige Weisheit
Und es verachten die Kundigen alle, die ihn nicht wissen.
Und dann mag es geschehn, daß ein Argwohn entsteht,
                              denn neue Erfahrung
Bringt den Satz in Verdacht. Der Zweifel erhebt sich.
Und eines anderen Tags streicht ein Mensch im Merkbuch
                              des Wissens
Bedächtig den Satz durch.

Von Kommandos umbrüllt, gemustert
Ob seiner Tauglichkeit von bärtigen Ärzten, inspiziert
Von strahlenden Wesen mit goldenen Abzeichen, ermahnt
Von feierlichen Pfaffen, die ihm ein von Gott selber
                              verfaßtes Buch um die Ohren schlagen
Belehrt
Von ungeduldigen Schulmeistern, steht der Arme und hört
Daß die Welt die beste der Welten ist und daß das Loch
Im Dach seiner Kammer von Gott selber geplant ist.
Wirklich, er hat es schwer
An dieser Welt zu zweifeln.

Schweißtriefend bückt sich der Mann, der das Haus baut,
                              in dem er nicht wohnen soll
Aber es schuftet schweißtriefend auch der Mann, der sein
                              eigenes Haus baut.

Da sind die Unbedenklichen, die niemals zweifeln.
Ihre Verdauung ist glänzend, ihr Urteil ist unfehlbar.
Sie glauben nicht den Fakten, sie glauben nur sich.
                              Im Notfall
Müssen die Fakten dran glauben. Ihre Geduld mit sich
                              selber

Ist unbegrenzt. Auf Argumente
Hören sie mit dem Ohr des Spitzels.

Den Unbedenklichen, die niemals zweifeln
Begegnen die Bedenklichen, die niemals handeln.
Sie zweifeln nicht, um zur Entscheidung zu kommen,
                              sondern
Um der Entscheidung auszuweichen. Köpfe
Benützen sie nur zum Schütteln. Mit besorgter Miene
Warnen sie die Insassen sinkender Schiffe vor dem Wasser.
Unter der Axt des Mörders
Fragen sie sich, ob er nicht auch ein Mensch ist.
Mit der gemurmelten Bemerkung
Daß die Sache noch nicht durchforscht ist, steigen sie ins
                              Bett.
Ihre Tätigkeit besteht in Schwanken.
Ihr Lieblingswort ist: nicht spruchreif.

Freilich, wenn ihr den Zweifel lobt
So lobt nicht
Das Zweifeln, das ein Verzweifeln ist!

Was hilft zweifeln können dem
Der sich nicht entschließen kann!
Falsch mag handeln
Der sich mit zu wenigen Gründen begnügt
Aber untätig bleibt in der Gefahr
Der zu viele braucht.

Du, der du ein Führer bist, vergiß nicht
Daß du es bist, weil du an Führern gezweifelt hast!
So gestatte den Geführten
Zu zweifeln!

Schlechte Zeit für Lyrik

Ich weiß doch: nur der Glückliche
Ist beliebt. Seine Stimme
Hört man gern. Sein Gesicht ist schön.

Der verkrüppelte Baum im Hof
Zeigt auf den schlechten Boden, aber
Die Vorübergehenden schimpfen ihn einen Krüppel
Doch mit Recht.

Die grünen Boote und die lustigen Segel des Sundes
Sehe ich nicht. Von allem
Sehe ich nur der Fischer rissiges Garnnetz.
Warum rede ich nur davon
Daß die vierzigjährige Häuslerin gekrümmt geht?
Die Brüste der Mädchen
Sind warm wie ehedem.

In meinem Lied ein Reim
Käme mir fast vor wie Übermut.

In mir streiten sich
Die Begeisterung über den blühenden Apfelbaum
Und das Entsetzen über die Reden des Anstreichers.
Aber nur das zweite
Drängt mich zum Schreibtisch.

Über Deutschland

Ihr freundlichen bayrischen Wälder, ihr Mainstädte
Fichtenbestandene Rhön, du, schattiger Schwarzwald
Ihr sollt bleiben.
Thüringens rötliche Halde, sparsamer Strauch der Mark
                                            und
Ihr schwarzen Städte der Ruhr, von Eisenkähnen
                              durchzogen, warum
Sollt ihr nicht bleiben?
Auch du, vielstadtiges Berlin
Unter und über dem Asphalt geschäftig, kannst bleiben
                                        und ihr
Hanseatische Häfen bleibt und Sachsens
Wimmelnde Städte, ihr bleibt und ihr schlesischen Städte
Rauchüberzogene, nach Osten blickende, bleibt auch.
Nur der Abschaum der Generäle und Gauleiter
Nur die Fabrikherren und Börsenmakler
Nur die Junker und Statthalter sollen verschwinden.
Himmel und Erde und Wind und das von den Menschen
                                        Geschaffene
Kann bleiben, aber
Das Geschmeiß der Ausbeuter, das
Kann nicht bleiben.

Finnische Landschaft

Fischreiche Wässer! Schönbaumige Wälder!
Birken- und Beerenduft!
Vieltoniger Wind, durchschaukelnd eine Luft
So mild, als stünden jene eisernen Milchbehälter
Die dort vom weißen Gute rollen, offen!
Geruch und Ton und Bild und Sinn verschwimmt.
Der Flüchtling sitzt im Erlengrund und nimmt
Sein schwieriges Handwerk wieder auf: das Hoffen.

Er achtet gut der schöngehäuften Ähre
Und starker Kreatur, die sich zum Wasser neigt
Doch derer auch, die Korn und Milch nicht nährt.
Er fragt die Fähre, die mit Stämmen fährt:
Ist dies das Holz, ohn das kein Holzbein wäre?
Und sieht ein Volk, das in zwei Sprachen schweigt.

Die Verlustliste

Flüchtend vom sinkenden Schiff, besteigend ein sinkendes
– Noch ist in Sicht kein neues –, notiere ich
Auf einem kleinen Zettel die Namen derer
Die nicht mehr um mich sind.
Kleine Lehrerin aus der Arbeiterschaft
MARGARETE STEFFIN. Mitten im Lehrkurs
Erschöpft von der Flucht
Hinsiechte und starb die Weise,
So auch verließ mich der Widersprecher
Vieles Wissende, neues Suchende
WALTER BENJAMIN. An der unübertretbaren Grenze
Müde der Verfolgung, legte er sich nieder.
Nicht mehr aus dem Schlaf erwachte er.
Und der stetige, des Lebens freudige
KARL KOCH, Meister im Disput
Merzte sich aus in dem stinkenden Rom, betrügend
Die eindringende SS.
Und nichts höre ich mehr von
KASPAR NEHER, dem Maler. Könnte ich doch
                                        wenigstens ihn
Streichen von dieser Liste!

Diese holte der Tod. Andere
Gingen weg von mir für des Lebens Notdurft
Oder Luxus.

Nach dem Tod meiner Mitarbeiterin M. S.

Seit du gestorben bist, kleine Lehrerin
Gehe ich blicklos herum, ruhelos
In einer grauen Welt staunend
Ohne Beschäftigung wie ein Entlassener.

Verboten
Ist mir der Zutritt zur Werkstatt, wie
Allen Fremden.

Die Straßen sehe ich und die Anlagen
Nunmehr zu ungewohnten Tageszeiten, so
Kenne ich sie kaum wieder.

Heim
Kann ich nicht gehen: ich schäme mich
Daß ich entlassen bin und
Im Unglück.

Die Maske des Bösen

An meiner Wand hängt ein japanisches Holzwerk
Maske eines bösen Dämons, bemalt mit Goldlack.
Mitfühlend sehe ich
Die geschwollenen Stirnadern, andeutend
Wie sehr es anstrengt, böse zu sein.

Ich, der Überlebende

Ich weiß natürlich: einzig durch Glück
Habe ich so viele Freunde überlebt. Aber heute nacht
                                          im Traum
Hörte ich diese Freunde von mir sagen: »Die Stärkeren
                                          überleben«
Und ich haßte mich.

Und was bekam des Soldaten Weib?

Und was bekam des Soldaten Weib
Aus der alten Hauptstadt Prag?
Aus Prag bekam sie die Stöckelschuh
Das bekam sie aus der Stadt Prag.

Und was bekam des Soldaten Weib
Aus Oslo über dem Sund?
Aus Oslo bekam sie das Mützchen aus Pelz
Hoffentlich gefällt's, das Mützchen aus Pelz!
Das bekam sie aus Oslo am Sund.

Und was bekam des Soldaten Weib
Aus dem reichen Amsterdam?
Aus Amsterdam bekam sie den Hut
Und er steht ihr gut, der holländische Hut
Den bekam sie aus Amsterdam.

Und was bekam des Soldaten Weib
Aus Brüssel im belgischen Land?
Aus Brüssel bekam sie die seltenen Spitzen
Ach das zu besitzen, so seltene Spitzen!
Die bekam sie aus belgischem Land.

Und was bekam des Soldaten Weib
Aus der Lichterstadt Paris?
Aus Paris bekam sie das seidene Kleid
Zu der Nachbarin Neid das seidene Kleid
Das bekam sie aus Paris.

Und was bekam des Soldaten Weib
Aus dem südlichen Bukarest?
Aus Bukarest bekam sie das Hemd

So bunt und so fremd, ein rumänisches Hemd!
Das bekam sie aus Bukarest.

Und was bekam des Soldaten Weib
Aus dem kalten Russenland?
Aus Rußland bekam sie den Witwenschleier
Zu der Totenfeier den Witwenschleier
Das bekam sie aus Russenland.

Als der Nobelpreisträger Thomas Mann den
Amerikanern und Engländern das Recht zusprach,
das deutsche Volk für die Verbrechen
des Hitlerregimes zehn Jahre lang zu züchtigen

I

Züchtigt den Gezüchtigten nur weiter!
Züchtigt ihn im Namen des Ungeists!
Züchtigt ihn im Namen des Geists!

Die Hände im dürren Schoß
Verlangt der Geflüchtete den Tod einer halben Million
                                          Menschen.
Für ihre Opfer verlangt er
Zehn Jahre Bestrafung. Die Dulder
Sollen gezüchtigt werden.

Der Preisträger hat den Kreuzträger aufgefordert
Seine bewaffneten Peiniger mit bloßen Händen anzufallen.
Die Presse brachte keine Antwort. Jetzt
Fordert der Beleidigte die Züchtigung
Des Gekreuzigten.

2

Einen Hunderttausenddollarnamen zu gewinnen
Für die Sache des gepeinigten Volkes
Zog der Schreiber seinen guten Anzug an
Mit Bücklingen
Nahte er sich dem Besitzer.

Ihn zu verführen mit glatten Worten
Zu einer gnädigen Äußerung über das Volk
Ihn zu bestechen mit Schmeichelei
Zu einer guten Tat
Ihm listig vorzuspiegeln
Daß die Ehrlichkeit sich bezahlt macht.

Mißtrauisch horchte der Gefeierte.
Für einen Augenblick
Erwog er, auch hier gefeiert zu werden, die Möglichkeit
Schreib auf, mein Freund, ich halte es für meine Pflicht
Etwas für das Volk zu tun. Eilig
Schrieb der Schreiber die kostbaren Worte auf, gierig
Nach weiterem hochblickend, sah er nur noch den Rücken
Des Gefeierten im Türrahmen. Der Anschlag
War mißglückt.

3

Und für einen Augenblick auch
Stand der Bittsteller verwirrt
Denn die Knechtseligkeit
Machte ihm Kummer, wo er immer sie traf.

Aber dann, eingedenk
Daß dieser verkommene Mensch
Lebte von seiner Verkommenheit, das Volk aber
Nur den Tod gewinnt, wenn es verkommt
Ging er ruhiger weg.

Die Rückkehr

Die Vaterstadt, wie find ich sie doch?
Folgend den Bomberschwärmen
Komm ich nach Haus.
Wo denn liegt sie? Wo die ungeheueren
Gebirge von Rauch stehn.
Das in den Feuern dort
Ist sie.

Die Vaterstadt, wie empfängt sie mich wohl?
Vor mir kommen die Bomber. Tödliche Schwärme
Melden euch meine Rückkehr. Feuersbrünste
Gehen dem Sohn voraus.

Es wechseln die Zeiten. Die riesigen Pläne
Der Mächtigen kommen am Ende zum Halt.
Und gehn sie einher auch wie blutige Hähne
Es wechseln die Zeiten, da hilft kein Gewalt.
Am Grunde der Moldau wandern die Steine.
Es liegen drei Kaiser begraben in Prag.
Das Große bleibt groß nicht und klein nicht das Kleine.
Die Nacht hat zwölf Stunden, dann kommt schon der Tag.

Hollywoodelegien

1

Das Dorf Hollywood ist entworfen nach den Vorstellungen
Die man hierorts vom Himmel hat. Hierorts
Hat man ausgerechnet, daß Gott
Himmel und Hölle benötigend, nicht zwei
Etablissements zu entwerfen brauchte, sondern
Nur ein einziges, nämlich den Himmel. Dieser
Dient für die Unbemittelten, Erfolglosen
Als Hölle.

2

Am Meer stehen die Öltürme. In den Schluchten
Bleichen die Gebeine der Goldwäscher. Ihre Söhne
Haben die Traumfabriken von Hollywood gebaut.
Die vier Städte
Sind erfüllt von dem Ölgeruch
Der Filme.

3

Die Engel von Los Angeles
Sind müde vom Lächeln. Am Abend
Kaufen sie hinter den Obstmärkten
Verzweifelt kleine Fläschchen
Mit Geschlechtsgeruch.

4

Unter den grünen Pfefferbäumen
Gehen die Musiker auf den Strich, zwei und zwei
Mit den Schreibern. Bach
Hat ein Strichquartett im Täschchen. Dante schwenkt
Den dürren Hintern.

Die Stadt ist nach den Engeln genannt
Und man begegnet allenthalben Engeln.
Sie riechen nach Öl und tragen goldene Pessare
Und mit blauen Ringen um die Augen
Füttern sie allmorgendlich die Schreiber in ihren
                                                    Schwimmpfühlen.

Jeden Morgen, mein Brot zu verdienen
Fahre ich zum Markt, wo Lügen gekauft werden.
Hoffnungsvoll
Reihe ich mich ein unter die Verkäufer.

Die Stadt Hollywood hat mich belehrt
Paradies und Hölle
Können *eine* Stadt sein: für die Mittellosen
Ist das Paradies die Hölle.

In den Hügeln wird Gold gefunden
An der Küste findet man Öl.
Größere Vermögen bringen die Träume vom Glück
Die man hier auf Zelluloid schreibt.

Über den vier Städten kreisen die Jagdflieger
Der Verteidigung. In großer Höhe
Damit der Gestank der Gier und des Elends
Nicht bis zu ihnen heraufdringt.

Landschaft des Exils

Aber auch ich auf dem letzten Boot
Sah noch den Frohsinn des Frührots im Takelzeug
Und der Delphine graulichte Leiber, tauchend
Aus der japanischen See.

Die Pferdewäglein mit dem Goldbeschlag
Und die rosa Armschleier der Matronen
In den Gassen des gezeichneten Manila
Sah auch der Flüchtling mit Freude.

Die Öltürme und dürstenden Gärten von Los Angeles
Und die abendlichen Schluchten Kaliforniens
                            und die Obstmärkte
Ließen den Boten des Unglücks
Nicht kalt.

Vom Sprengen des Gartens

O Sprengen des Gartens, das Grün zu ermutigen!
Wässern der durstigen Bäume! Gib mehr als genug und
Vergiß nicht das Strauchwerk, auch
Das beerenlose nicht, das ermattete
Geizige. Und übersieh mir nicht
Zwischen den Blumen das Unkraut, das auch
Durst hat. Noch gieße nur
Den frischen Rasen oder den versengten nur
Auch den nackten Boden erfrische du.

Das Manifest

Kriege zertrümmern die Welt, und umgeht zwischen
                              den Trümmern
Sichtbar und groß ein Gespenst, und nicht erst der Krieg
                              hat's geboren.
Auch im Frieden schon ward es gesichtet, den
                              Herrschenden schrecklich
Aber freundlich den Kindern der Vorstadt. In ärmlicher
                              Küche
Lugte es oft, kopfschüttelnd, voll Zorn, in halbleere Töpfe.
Oft die Erschöpften paßte es ab vor Gruben und Werften.
Freunde besucht es im Kerker, passierend ohne
                              Passierschein
Oftmals. Selbst in Kontoren wird es gesehn, und im
                              Hörsaal
Wird es gehört. Zu Zeiten dann stülpt es von Stahl einen
                              Hut auf
Steigt in riesige Tanks und fliegt mit tödlichen Bombern.
Vielerlei Sprachen spricht es, alle. Und schweiget in vielen.
Ehrengast in den Hütten sitzt es, Sorge der Villen
Alles zu ändern und ewig zu bleiben gekommen;
                              sein Nam ist
Kommunismus.

Falsches darüber von Feinden, von Freunden
Falsches habt ihr gehört. Dies ist's, was die Klassiker sagen:
Lest ihr Geschichte, so lest ihr von Taten großer Personen;
Ihrem Gestirn, aufsteigend und fallend; von ziehenden
                              Heeren;
Auch vom Glanz und Verfall der Reiche. Aber die großen
Zweifelnden Lehrer durchsuchen die alten Bücher nach
                              anderm

Und sie lehren: Geschichte ist die Geschichte von
KLASSEN-KÄMPFEN. Denn sie sehen in Klassen geteilt
                              und im Innern
Kämpfend die Völker. Sklaven, Plebejer, Equites, Patres;
Handwerker, Bauern und Adel; Bürger sodann und
                                        Proleten
Haltend im Gang den riesigen Haushalt, stehen mit
                                        Messern
Eigenen, fremden, gegeneinander in riesigen Kämpfen.
Kühn umstürzend fügen die Lehrer so der Geschichte
Herrschender Klassen hinzu der beherrschten Klassen
                                        Geschichte.

Anders freilich zu anderen Zeiten handeln die Herrscher-
klassen, Roms Patrizier anders als Spaniens Granden.
Bürger der frühen nicht wie Bürger der neueren Städte –
Hier benutzt eine Klasse geschickt den großen Despoten
Dort ihrer Kammern despotische Vielfalt; eine bedient sich
Blutiger Kriege mehr und eine schlauer Verträge
Je nach Lage des Lands und besonderer Art der Bewohner.
Aber die Herrschenden tun, was immer sie tun, für
                              die Herrschaft
Und sie tun, was sie tun, in Kämpfen mit den Beherrschten.
Völker werfen sich schlachtend auf Völker, doch hinter
                              den Schlachtreihn
Toben noch andere Schlachten, stillere, lenkend die einen.
Römische Heere bestürmen den fernen und eisigen Pontus
Während im heimischen Rom sich Plebs und Patrizier
                                        bekriegen.
Deutsche bekriegen Franzosen, doch deutsche Städte,
                              dem deutschen
Kaiser verbündet, bekriegen deutsche Fürsten dieweilen.
Eint Burgfrieden die feindlichen Klassen gegen den äußern
Feind in wirklicher Not oder künstlich bereiteter Falle
Ach, den beide erfochten, den Sieg gewinnt dann nur eine:

Siegreich kehrt sie zurück und die andere läutet die
                                                    Glocken
Kocht ihr den Siegesschmaus und baut ihr die Säule des
                                                    Sieges.
Tiefer nämlich und dauernder sind, als die Kriege der
                                                    Völker
Welche die Lesefibel beschreibt, die Kriege der Klassen
Offen gekämpft und versteckt, und nicht um die Städte
                                                    des Feindes
Sondern die eigenen Städte, endigend nur mit dem Umsturz
Oder gemeinsamem Untergang der kämpfenden Klassen.

So nun entstand, die jetzt vergeht, die Epoche des Bürgers:
Einmal nur Leibeigener, wurde er Bürger des Pfahldorfs.
Pfahldorf wurde dann Stadt und hinter den sicheren
                                                    Mauern
Blühten die Zünfte hoch. Die Mauern halten das Tuch nicht
Und es erweckt der Handel das schlummernde Land. An
                                                    der Küste
Bauen die Seestädte Schiffe, die neue Gestade erreichen
Afrika fleißig umsegeln und tapfer Amerika angehn.
Und der chinesische Markt, der ostindische Markt und
                                                    der Neuen
Welt Aufschließung, hiermit die Häufung der Gelder und
                                                    Waren
Schwingen die Industrie in den Gang und kräftig heraustritt
Aus der feudalen Gesellschaft der neue Beherrscher, der
                                                    Bürger.

Manufaktur überflügelt das Handwerk. Lange noch
                                                    hängen
Goldener Schlüssel und Spindel aus, doch die Meister der
                                                    Zünfte
Haben nicht viel zu meistern mehr, denn viel von der Arbeit

Ehmals verteilt zwischen Zünften, teilt nun der
                                    Manufakturherr
Auf in der einen, größeren Werkstatt. Immer noch wachsen
Unersättlich die Märkte. Schon auch nicht mehr bewältigt
Manufaktur den Bedarf, da wälzen Dampf und Maschine
Neuerdings alles um und den Manufakturherrn
                                    verdrängt der
Große Industrielle, Arbeitergebieter und Geldmann
Unser moderner Bourgeois. Ausführlich zeigen die Lehrer
Wie das große maschinisierte Gewerbe den Weltmarkt
Schuf und der Weltmarkt wieder das große Gewerbe
                                    beschwingte
Bis die große Gewerbetreibende mächtig hervortrat
Und die Bourgeoisie im Staat erkämpfte den Vorrang.
Unsere Staatsgewalt besorgt in Pomp und in Purpur
Nur die Geschäfte der Bourgeoisie, ein williger Ausschuß.

Und sie erwies sich als harte und ungeduldige Herrin.
Eiserner Stirn und eiserner Ferse zertrat sie das faule
Patriarchalisch stille Idyll, zerriß die feudalen
Alt buntscheckigen Bande, geknüpft zwischen Schützling
                                    und Schutzherr
Duldend kein anderes Band zwischen Menschen als
                                    nacktes Intresse
Barer Entlohnung. »Adlige Haltung«, »Ritterlichkeit« und
»Treues Gesinde«, »Liebe zum Boden«, »ehrliches
                                    Handwerk«
»Dienst an der Sache« und »innre Berufung«, alles
                                    begoß ihr
Eisiger Strahl der Berechnung. Menschliche Würde
                                    verramscht sie
Grob in den Tauschwert, setzend brutal an die Stelle der
                                    vielen
Heilig verbrieften Freiheiten nur die Freiheit des Handels.
Stille Ausbeutung war es gewesen, natürliche, immer;
Offene wurde es nun und schamlos wurd sie betrieben.

Priester und Richter und Arzt und Dichter und Forscher,
mit frommer
Scheu doch betrachtet dereinst, verdingt sie als ihre
bezahlten
Lohnarbeiter und schickt dem Arzt die Kranken als
Kunden
Und er verkauft sein Rezept und der Priester verkauft
seinen Zuspruch.
Käuflich teilt des Besitztums Wächter, der Richter, das
Recht aus.
Was ihr Erfinder für Pflüge erdacht, ihr Händler verkauft es
Kühl für Kanonen. Hungrig, verherrlicht der Künstler
mit schnellem
Adelndem Pinsel das Antlitz der Bourgeoisie, und
des Kunstgriffs
Kundig massiert gegen Geld der Dame erschlafftes
Gemüt er.
Grinsend verwandelt die Bourgeoisie die Dichter und
Denker
Alle in ihre bezahlten Kopflanger. Den Tempel des Wissens
Macht sie zur Börse, selbst der Familie geheiligte Stätte
Macht sie zum Tummelplatz des höchst unheiligen
Schachers.

Freilich, was sind Pyramiden uns noch und Roms Viadukte
Kölns Kathedrale, Wandrung der Völker, Hunnen- und
Kreuzzug
Uns, die wir Bauten gesehn und Züge, gigantisch wie diese
Allumstürzende Klasse sie macht, die immer und übrall
Umwälzt atemlos, was sie schuf, und lebt von dem
Umsturz?
Unaufhörlich ändert sie Maschinerie und Produkte
Nie vermutete Kräfte holt sie aus Luft und aus Wasser
Neue Stoffe erschafft sie, nie auf Erden gesehne.

(Dreimal ändert sich einem Geschlecht das Tuch des
                                       Gewandes.
Anders fühlt in der Hand sich der Griff von Messer
                                und Gabel
Mehrmals. Immer auf neue Gebilde fällt unser Auge.)
Und sie ändert die Menschen, treibt in Fabriken die Bauern
Treibt Handwerker in Scharen nach neuen und wilden
                                    Gestaden.
Dörfer wachsen hervor und Städte, wo sie nach Erz gräbt
Tot und entvölkert sofort, wenn sie wegzieht. Schnelleren
                                   Reichtum
Sahen die Gegenden nie, noch sahen sie schnellere Armut.

Stets doch war die Bewahrung der Weise, in der produziert
                                    wird
Sorge der herrschenden Klassen gewesen, diese als erste
Machte den Umsturz selbst zum sine qua non der
                                  Gesellschaft.
Ragende Bauten errichtend auf ewig bebender Erde
Fürchtend nichts als den Rost und das Moos, vergewaltigt
                                   sie täglich
Jede Gewalt der Verhältnisse, alle gefestigte Sitte.
Alles Ständische fällt sie, alles Geweihte entweiht sie.
Haltlos stehen die Menschen entsichert auf rollendem
                                   Boden
Endlich gezwungen, mit nüchternem Aug zu sichten ihr
                                   Dasein.

Aber dies alles geschieht nicht in einem Gebiet oder zweien
Denn ein beklemmender Drang nach dem Absatz
                            der schwellenden Waren
Jagt die Bourgeoisie ohne Einhalt über die ganze
Weite Erdkugel dahin und überall muß sie sich umschaun
Anbaun, einnisten, überall knüpfen die klebrigen Fäden.

Kosmopolitisch macht sie Verbrauch und Erzeugung der
Güter.
Überall ist sie zu Haus und nirgends. Reiche Gewerbe
Alteinheimische Künste zerstört sie, holend den Rohstoff
Aus den entlegensten Ländern. Ihre Fabriken bedienen
Nöte und Launen, erzeugt im Klima anderer Länder.

Hoch in Wolken den Bergpaß erklimmen die fiebrigen
Waren.
Morsch ist der Schlagbaum, tausendjährig; sie trampeln
ihn nieder.
BILLIG lautet ihr Paßwort. Aber die Greise dort! Kommen
Priester, den Frevlern zu fluchen? Nein, sie kommen zu
kaufen.
Aber die Mauern dort! Nie erstürmt! Verschmitzte Agenten
Bomben mit Ballen von leichtem Kattun die chinesischen
Mauern
Lächelnd weg. Es schwinden Gebirge. Es nähern sich
Inseln.
Volk braucht Volk, überredet der Händler. Geistige Güter
Werden Gemeingut, sagt der Gelehrte. Gierig verschlingen
Zellkernforscher in Rom die neueste Formel aus
Princetown.
Weiterschreibt die japanische Hand, wenn die dänische
anhält.
Alle zusammen, die Forscher der Welt, entwerfen das
Weltbild.
Dichtung wird nun der Welt die Dichtung einzelner Völker.

Keuchend schleppt aus dem Bauch fremdländischer Schiffe
der Kuli
Nie genoßne Produkte, und schwitzend dahinter die große
Neue Erzeugerin selbst, die Maschine. So den Barbaren
Zivilisiert der Bourgeois, indem er ihn selbst zum Bourgeois
macht.

Nach seinem eigenen Bild schafft der Bourgeois eine
                                        Welt sich.

Und so beherrschen die Städte das Land und sie wachsen
                                        zu Riesen
Dauernd Menschen entreißend dem Stumpfsinn ländlichen
                                        Lebens.
Und wie die Städte das Land, so beherrschen die
                                        Bürgernationen
Bäuerliche hinfort; es zügelt der Zivilisierte
Halbbarbar und Barbar und der Okzident leitet den Orient.

Maschinerie und Besitz und Volk, bis dahin zersplittert
Schließen sich nun zu großen Gebilden. Schneller und
                                        schneller
Häuft sich das Werkzeug auf in den ungeheuren Fabriken
Wächst der Besitz hinein in einige wenige Hände
Ballen sich Massen nunmehr zu vieles erzeugenden
                                        Zentren.

Neue politische Felder entstehn. In wütenden Kämpfen
– Denn es zerfleischen sich auch, die da einander
                                        umarmen –
Drängen die losen Provinzen, eigens regiert und mit eignem
Recht, sich zusammen in eine Nation, vereint durch
                                        das eine
Nationale Intresse der alles beherrschenden Klasse.

Nie auf Erden vorher war ein solcher Rausch der
                                        Erzeugung
Wie ihn die Bourgeoisie entfacht in der Zeit ihrer
                                        Herrschaft.
Dampfkraft schuf und elektrische Kraft die gierige Herrin.
Schiffbar machte sie Ströme, den Weltteil machte sie urbar
Pumpte das Öl aus dem Grund und trieb damit Schiffe und
                                        Wägen

Grub die Kohle und häufte sie auf zu nützlichen Bergen
Brach das Eisen, unangetastet durch tausend Geschlechter
Schmiedete Stahl zu federnden Brücken und dicken
                                                    Turbinen
Ströme und Bergsee melkend um Licht für Städte und
                                                    Dörfer
Wandelte Wälder zu leichtem Papier und druckte die
                                                    Zeitung.
Fünf Jahrzehnte danach, als wünschte der Mensch sich,
                                                    an allen
Örtern der Erde gleichzeitig sein kurzes Leben zu leben
Wurde der Äther selber der Bote. Auch hoben zum ersten
Male sich Menschen in lenklichem Flugzeug über den
                                                    Boden.
Niemals hatte die Menschheit geträumt, daß schlummernd
                                                    im Schoß ihr
Solche Befreiungen waren, solche erzeugenden Kräfte.

Adeliger Besitz und sein Staat absoluter Monarchen
Hatten in Fesseln gehalten die Massenerzeugung der Güter:
Zornig hatte die Bourgeoisie gesprengt ihre Fesseln.

Hurrikangleich erheben sich so erzeugende Kräfte
Und zertrümmern verbriefte, ewig gehießene Herrschaft.
Andere, gestern noch dienende Klassen schmeißen
                                                    Besitzbrief
Schuld- und Gesetzbuch weg und lachen gealterten
                                                    Vorrechts.
Recht ist nicht Recht mehr, Weisheit weise nicht, alles ist
                                                    anders.
Tausend Herbsten haben getrotzt die heiligen Tempel
Wenn sie zerfallen zu Staub, erschüttert vom Tritte der
                                                    Sieger.
Jäh in den Stehengebliebenen wechseln die Götter das
                                                    Antlitz:

Wundersam gleichen die Alten nun plötzlich den jetzigen
Herrschern!
Große Veränderung wirken die neuen erzeugenden Kräfte.
Tödlich herauf gegen sich, die Stürme zur Herrschaft
getragen
Sieht nun die Bourgeoisie die gewaltsamen Stürme sich
sammeln.

Als diese Klasse nämlich mit neuem System und Besitzbrief
Gütererzeugende Kräfte wie nie hervorgehext hatte
Glich sie dem Zauberer, der die unterirdischen Mächte
Die er heraufbeschworen, nicht mehr zu bändigen wußte.
So wie Regen die Saaten befruchtet, aber nicht haltend
Ganz sie ersäuft, vermehren die gütererzeugenden Kräfte
Wachsend, stetig der herrschenden Klasse Vermögen und
Einfluß
Stetig weiterwachsend jedoch bedrohn sie die Klasse.

Nun an ist die Geschichte der Großindustrie und des
Handels
Nur die Geschichte des Aufruhrs gütererzeugender Kräfte.
Gegen Bürgerbesitz und Bürgerart, zu erzeugen.

Riesige Krisen, in zyklischer Rückkehr, gleichend enormen
Sichtlos tappenden Händen, greifend und drosselnd den
Handel
Schütteln in stummer Wut Betriebe, Märkte und Heime.
Hunger von alters plagte die Welt, wenn die Kornkammer
leer war –
Nunmehr, keiner versteht es, hungern wir, weil sie zu
voll ist.
Nichts in der Speise mehr finden die Mütter, die Mäulchen
zu füllen
Hinter Mauern dieweil fault turmhoch lagernd das
Korn weg.

Ballen auf Ballen türmt sich das Tuch, doch frierend
durchzieht die

Lumpengehüllte Familie, von heute auf morgen geworfen
Aus dem gemieteten Heim, die Viertel ohne Bewohner.
Keinen, sie auszubeuten noch willig, finden die Armen.
Rastlos war ihre Arbeit, nun ist die Suche nach Arbeit
Rastlos. Was ist geschehn? Der gigantische Bau der
Gesellschaft
Teuer, mit solcher Mühe gebaut von vielen Geschlechtern
Hingeopferten, sinkt zurück in barbarische Vorzeit.
Nicht ein ZU WENIG ist schuld, ach nein, das ZU VIEL
macht ihn wanken.

Nicht zum Wohnen bestimmt ist das Haus, das Tuch nicht
zum Kleiden
Noch ist das Brot zum Essen bestimmt: Gewinn soll es
tragen.

Epitaph

Den Tigern entrann ich
Die Wanzen nährte ich
Aufgefressen wurde ich
Von den Mittelmäßigkeiten.

Außer diesem Stern, dachte ich, ist nichts und er
Ist so verwüstet.
Er allein ist unsere Zuflucht und die
Sieht so aus.

Wahrnehmung

Als ich wiederkehrte
War mein Haar noch nicht grau
Da war ich froh.

Die Mühen der Gebirge liegen hinter uns
Vor uns liegen die Mühen der Ebenen.

Kinderhymne

Anmut sparet nicht noch Mühe
Leidenschaft nicht noch Verstand.
Daß ein gutes Deutschland blühe
Wie ein andres gutes Land.

Daß die Völker nicht erbleichen
Wie vor einer Räuberin
Sondern ihre Hände reichen
Uns wie anderen Völkern hin.

Und nicht über und nicht unter
Andern Völkern wolln wir sein
Von der See bis zu den Alpen
Von der Oder bis zum Rhein.

Und weil wir dieses Land verbessern
Lieben und beschirmen wir's
Und das liebste mag's uns scheinen
So wie andern Völkern ihrs.

Auf einen chinesischen Teewurzellöwen

Die Schlechten fürchten deine Klaue.
Die Guten freuen sich deiner Grazie.
Derlei
Hörte ich gern
Von meinem Vers.

Deutschland 1952

O Deutschland, wie bist du zerrissen …
Und nicht mit dir allein.
In Kält und Finsternissen
Schlägt eins aufs andre ein.
Und hättst so schöne Auen
Und stolzer Städte viel:
Tätst du dir selbst vertrauen
Wär alles Kinderspiel.

Die Requisiten der Weigel

Wie der Hirsepflanzer für sein Versuchsfeld
Die schwersten Körner auswählt und fürs Gedicht
Der Dichter die treffenden Wörter, so
Sucht sie die Dinge aus, die ihre Gestalten
Über die Bühne begleiten. Den Zinnlöffel
Den die Courage ins Knopfloch
Der mongolischen Jacke steckt, das Parteibuch
Der freundlichen Wlassowa und das Fischnetz
Der anderen, der spanischen Mutter oder das Erzbecken
Der staubsammelnden Antigone. Unverwechselbar
Die schon rissige Handtasche der Arbeiterin
Für die Flugblätter des Sohns und die Geldtasche
Der hitzigen Marketenderin! Jedwedes Stück
Ihrer Waren ist ausgesucht, Schnalle und Riemen
Zinnbüchse und Kugelsack, und ausgesucht ist
Der Kapaun und der Stecken, den am Ende
Die Greisin in den Zugstrick zwirlt
Das Brett der Baskin, auf dem sie das Brot bäckt
Und der Griechin Schandbrett, das auf dem Rücken
                                        getragene
Mit den Löchern, in denen die Hände stecken,
                                        der Schmalztopf
Der Russin, winzig in der Polizistenhand, alles
Ausgesucht nach Alter, Zweck und Schönheit
Mit den Augen der Wissenden
Und den Händen der brotbackenden, netzestrickenden
Suppenkochenden Kennerin
Der Wirklichkeit.

Wenn ihr eure Rollen lest
Forschend, bereit zu staunen
Sucht nach dem Neuen und Alten, denn unsere Zeit
Und die Zeit unserer Kinder ist die Zeit der Kämpfe
Des Neuen mit dem Alten.
Die List der alten Arbeiterin
Die dem Lehrer sein Wissen abnimmt
Wie eine zu schwere Hucke, ist neu
Und muß wie Neues gezeigt werden. Und alt
Ist die Angst der Arbeiter im Krieg
Die Flugblätter mit dem Wissen zu nehmen; es muß
Als Altes gezeigt werden. Aber
Wie das Volk sagt: zur Zeit des Mondwechsels
Hält der junge Mond den alten
Eine Nacht lang im Arme. Das Zögern der Fürchtenden
Zeigt die neue Zeit an. Immer
Setzt das Noch und das Schon.
Die Kämpfe der Klassen
Die Kämpfe zwischen Alt und Neu
Rasen auch im Innern des einzelnen.
Die Bereitschaft des Lehrers zu lehren:
Die der Bruder nicht sieht, die Fremde
Sieht sie.
Alle Regungen und Handlungen eurer Figuren durchsucht
Nach Neuem und Altem!
Die Hoffnungen der Händlerin Courage
Sind den Kindern tödlich; aber die Verzweiflung
Der Stummen über den Krieg
Gehört zum Neuen. Ihre hilflosen Bewegungen
Wenn sie die rettende Trommel aufs Dach schleppt
Die große Helferin, sollen euch
Mit Stolz erfüllen, die Tüchtigkeit

Der Händlerin, die nichts lernt, mit Mitleid.
Lesend eure Rollen
Forschend, bereit zu staunen
Erfreut euch des Neuen, schämt euch des Alten!

Aus den ›Buckower Elegien‹

Der Blumengarten

Am See, tief zwischen Tann und Silberpappel
Beschirmt von Mauer und Gesträuch ein Garten
So weise angelegt mit monatlichen Blumen
Daß er vom März bis zum Oktober blüht.

Hier, in der Früh, nicht allzu häufig, sitz ich
Und wünsche mir, auch ich mög allezeit
In den verschiedenen Wettern, guten, schlechten
Dies oder jenes Angenehme zeigen.

Gewohnheiten, noch immer

Die Teller werden hart hingestellt
Daß die Suppe überschwappt.
Mit schriller Stimme
Ertönt das Kommando: Zum Essen!

Der preußische Adler
Den Jungen hackt er
Das Futter in die Mäulchen.

Rudern, Gespräche

Es ist Abend. Vorbei gleiten
Zwei Faltboote, darinnen
Zwei nackte junge Männer. Nebeneinander rudernd
Sprechen sie. Sprechend
Rudern sie nebeneinander.

Der Rauch

Das kleine Haus unter Bäumen am See
Vom Dach steigt Rauch
Fehlte er
Wie trostlos dann wären
Haus, Bäume und See.

Der Radwechsel

Ich sitze am Straßenhang.
Der Fahrer wechselt das Rad.
Ich bin nicht gern, wo ich herkomme.
Ich bin nicht gern, wo ich hinfahre.
Warum sehe ich den Radwechsel
Mit Ungeduld?

Die Lösung

Nach dem Aufstand des 17. Juni
Ließ der Sekretär des Schriftstellerverbands
In der Stalinallee Flugblätter verteilen
Auf denen zu lesen war, daß das Volk
Das Vertrauen der Regierung verscherzt habe
Und es nur durch verdoppelte Arbeit
Zurückerobern könne. Wäre es da
Nicht doch einfacher, die Regierung
Löste das Volk auf und
Wählte ein anderes?

Böser Morgen

Die Silberpappel, eine ortsbekannte Schönheit
Heut eine alte Vettel. Der See
Eine Lache Abwaschwasser, nicht rühren!
Die Fuchsien unter dem Löwenmaul billig und eitel.
Warum?
Heut nacht im Traum sah ich Finger, auf mich deutend
Wie auf einen Aussätzigen. Sie waren zerarbeitet und
Sie waren gebrochen.

Unwissende! schrie ich
Schuldbewußt.

Große Zeit, vertan

Ich habe gewußt, daß Städte gebaut wurden
Ich bin nicht hingefahren.
Das gehört in die Statistik, dachte ich
Nicht in die Geschichte.

Was sind schon Städte, gebaut
Ohne die Weisheit des Volkes?

Tannen

In der Frühe
Sind die Tannen kupfern.
So sah ich sie
Vor einem halben Jahrhundert

Vor zwei Weltkriegen
Mit jungen Augen.

Vor acht Jahren

Da war eine Zeit
Da war alles hier anders.
Die Metzgerfrau weiß es.
Der Postbote hat einen zu aufrechten Gang.
Und was war der Elektriker?

Eisen

Im Traum heute nacht
Sah ich einen großen Sturm.
Ins Baugerüst griff er
Den Bauschragen riß er
Den Eisernen, abwärts.
Doch was da aus Holz war
Bog sich und blieb.

Beim Lesen des Horaz

Selbst die Sintflut
Dauerte nicht ewig.
Einmal verrannen
Die schwarzen Gewässer.
Freilich, wie wenige
Dauerten länger!

Vergnügungen

Der erste Blick aus dem Fenster am Morgen
Das wiedergefundene alte Buch
Begeisterte Gesichter
Schnee, der Wechsel der Jahreszeiten
Die Zeitung
Der Hund
Die Dialektik
Duschen, Schwimmen
Alte Musik
Bequeme Schuhe
Begreifen
Neue Musik
Schreiben, Pflanzen
Reisen
Singen
Freundlich sein

Dauerten wir unendlich
So wandelte sich alles
Da wir aber endlich sind
Bleibt vieles beim alten

Schwierige Zeiten

Stehend an meinem Schreibpult
Sehe ich durchs Fenster im Garten den Holderstrauch
Und erkenne darin etwas Rotes und etwas Schwarzes
Und erinnere mich plötzlich des Holders
Meiner Kindheit in Augsburg.
Mehrere Minuten erwäge ich
Ganz ernsthaft, ob ich zum Tisch gehn soll
Meine Brille holen, um wieder
Die schwarzen Beeren an den roten Zweiglein zu sehen.

Meine Einzige,
              in deinem letzten Briefe
Sagst du:
»Mein Kopf tut weh,
                  mein Herz war rebellisch
Wenn sie dich hängen,
                      wenn ich dich verliere
Kann ich nicht leben.«

Du wirst leben, Liebe.
Die Erinnerung an mich wird schwinden
Wie im Wind der schwarze Rauch
Du wirst leben, rothaarige Schwester meines Herzens
Trauer um die Toten
Dauert im 20. Jahrhundert
Ein Jahr.

Tod ...
Ein Leichnam, schwingend
Am End eines Stricks.
Doch sei versichert, Geliebte:
Wenn die haarige Hand des Henkers
Den Strick um meinen Hals legt
Vergebens
Werden sie suchen in den blauen Augen Nazims
Furcht.

Als ich in weißem Krankenzimmer der Charité
Aufwachte gegen Morgen zu
Und eine Amsel hörte, wußte ich
Es besser. Schon seit geraumer Zeit
Hatte ich keine Todesfurcht mehr, da ja nichts
Mir je fehlen kann, vorausgesetzt
Ich selber fehle. Jetzt
Gelang es mir, mich zu freuen
Alles Amselgesanges nach mir auch.

Aus ist das Stück. Verübt ist die Vorstellung.
                                        Langsam
Leert, ein erschlaffter Darm, das Theater sich.
                        In den Garderoben
Waschen von Schminke und Schweiß sich die
                        flinken Verkäufer
Eilig gemischter Mimik, ranziger Rhetorik.
                                        Endlich
Gehen die Lichter aus, die das kläglıche
Pfuschwerk enthüllten, und lassen in Dämmer
                        das schöne
Nichts der mißhandelten Bühne. Im leeren
Noch leicht stinkenden Zuschauerraum sitzt
                                        der gute
Stückeschreiber und ungesättigt versucht er
Sich zu erinnern.

Iste erat ~ Hydatopyranthropos / vivens Augusti anul[?]
clicorum / pervivem saeculum / 1908 - 1998 / saeculum cantearum,
machinarumque / major hui Himalaya / tamenarte mutabile
rico / casu benevolentiae integritatis / semper aequus servans
mentem / pueris puellisque amicus / inimicus Tenon /
A dextra orbis terrarum / a sinistra hesperum potaturumque
refugium / inprimiter Himalaya / tuno rideas sub atlantico
mare lucido /   dedectus est iste a casnor neher a dau

Der Wasser-Feuer-Mensch
Gezeichnet von Caspar Neher

»Der große Bert Brecht«

Nachwort von Siegfried Unseld

Hundert Gedichte und Lieder von Bertolt Brecht auszuwählen ist ein Unterfangen, das schon deshalb kaum gelingen kann, weil dem Herausgeber die Fülle von über 2300 Gedichten in der *Großen kommentierten Berliner und Frankfurter Ausgabe* zur Verfügung steht (5 Bände, herausgegeben von Jan Knopf), ein lyrisches Werk vom Umfang des Goetheschen, und weil darüber hinaus viele Gedichte hohe Qualität aufweisen; der notwendig subjektiven Auswahl sind kaum Grenzen gesetzt. Mit den *Liedern zur Klampfe von Bert Brecht und seinen Freunden. 1918* beginnt das eigentliche lyrische Œuvre. Ihnen voran gehen Texte, die aus dem Jahre 1913 stammen, niedergeschrieben im *Tagebuch Nr. 10* (das in einer Faksimile-Ausgabe 1989 ediert worden ist). Von den Freunden ist oft die Rede. Mit ihnen entstehen die Texte spontan, wenn die »Clique«, Brecht voran mit der Gitarre, durch Augsburg zieht. In dem Gedicht *Serenade* von 1916 gibt er selbst ein Bild von dem mit seinem »Klampfentier« trunkenen Sänger:

Serenade

Jetzt wachen nur mehr Mond und Katz
Die Menschen alle schlafen schon
Da trottet übern Rathausplatz
Bert Brecht mit seinem Lampion.

Wenn schon der junge Mai erwacht
Die Blüten sprossen für und für
Dann taumelt trunken durch die Nacht
Bert Brecht mit seinem Klampfentier.

Viele weitere Gedichte und Lieder stellt er 1927 zu *Bertolt Brechts Hauspostille* (mit Anleitung zum »Gebrauch«, Gesangsnoten und einem Anhang) zusammen. Die Sammlung ist zunächst, ab 1922, für den Kiepenheuer Verlag geplant, dessen damaliger Lektor Hermann Kasack sie begeistert aufgenommen hat. Brecht hält die *Hauspostille* jedoch zurück und schließt 1925 einen neuen Vertrag mit dem Ullstein-Konzern ab, der sie 1927 im Propyläen Verlag herausbringt. Der Kiepenheuer Verlag, der so das Nachsehen hatte, läßt 1926 lediglich 25 Exemplare als Privatdruck zu Brechts Eigenbedarf mit dem Titel *Taschenpostille* herstellen.

Dieser Gedichtband enthält u.a. die längst zum festen und bedeutenden Bestand der Literatur zählenden Gedichte wie den *Choral vom Manne Baal*, die *Legende vom toten Soldaten*, die Gedichte *Vom ertrunkenen Mädchen*, *Vom armen B.B.* bis hin zur schon legendär gewordenen *Erinnerung an die Marie A.*

Was macht Reiz und Bedeutung dieser Verse aus? Sie sind durch und durch Gelegenheitsdichtung, und die Gelegenheiten mögen politisch, historisch, an Freunde und Frauen gebunden, kumpelhaft sein, mögen von geschichtlichen Vorgängen, historischen oder zeitgenössischen Figuren ausgehen. Es sei an Goethe erinnert, der am 28. September 1823 zu Eckermann sagte: »Die Welt ist so groß und reich und das Leben so mannigfaltig, daß es an Anlässen zu Gedichten nie fehlen wird. Aber es müssen alles Gelegenheitsgedichte sein, d.h. die Wirklichkeit muß die Veranlassung und den Stoff dazu hergeben. Allgemein und poetisch wird ein spezieller Fall eben dadurch, daß ihn der *Dichter* behandelt. Alle meine Gedichte sind Gelegenheitsgedichte, sie sind durch die Wirklichkeit angeregt und haben darin Grund und Boden. Von Gedichten aus der Luft gegriffen, halte ich nichts.« Das könnte Brecht wörtlich so geschrieben haben. Goethe ist immer wieder auf den Topos der Gelegenheit zurückgekommen. In den *Römischen Elegien* lesen wir: »Die Göttin, sie heißt Gelegenheit«, und diese »gleichgültige« Göttin »begünstigt das Gute wie das Böse«. Im *West-östlichen Divan* findet sich das berühmte Diktum: »Nicht Gelegenheit macht Diebe,/Sie ist selbst der größte Dieb.«

Ein Beispiel für Brechts Gelegenheitsdichtung ist seine *Legende vom toten Soldaten*. Auf einem Typoskript im Nachlaß ist zu lesen: »Die Ballade vom toten Soldaten wurde während des Krieges geschrieben.« Im Frühjahr 1918 durchkämmt der kaiserliche General Ludendorff zum letzten Mal ganz Deutschland, von der Maas bis an die Memel, von der Etsch bis an den Belt, nach »Menschenmaterial« für seine große Offensive. Die Siebzehnjährigen und Fünfzigjährigen werden gemustert und in die Feuer der »Materialschlachten« geschickt. Das Wort k.v., das »kriegsverwendungsfähig« bedeutet, schreckt noch einmal Millionen von Familien, und das Volk kommentiert: »Man gräbt schon die Toten aus für den Kriegsdienst.« Daraus entsteht 1918 das Gedicht, dessen erste Strophe lautet:

V. Lektion, Kap. 5. Legende vom toten Soldaten. D-moll

Und als der Krieg im fünf - ten Lenz kei - nen

Aus-blick auf Frie-den bot, da zog der Sol - dat sei - ne

Kon - se - quenz und starb den Hel - den - tod.   usw.

Im Dezember 1921 singt Brecht dieses Lied zu seinem »Klampfentier« im Berliner Kabarett »Wilde Bühne« und löst damit einen Riesenskandal aus, der weitere Auftritte verhindert. Dennoch wird das Lied zum Erfolgssong in den Kabaretten der Weimarer Republik.

Der *Hauspostille* folgen die *Augsburger Sonette*, die als Privatdruck gedacht sind, aber über die Bürstenabzüge nicht hinauskommen, dann die überaus erfolgreichen *Songs der Dreigroschenoper* im Kiepenheuer Verlag sowie 1934, schon in einem Pariser Exil-Verlag, das »antifaschistische Liederbuch« *Lieder Gedichte Chöre*, das Brecht zusammen mit dem Komponisten Hanns Eisler herausbringt.

Brechts Gedichte sind Ausdruck seines Zeiterlebens. Was Peter Suhrkamp 1956 über sie geschrieben hat, gilt noch heute. »Daß Brecht als Dichter, im Gedicht und im Drama, die Historie unseres Volkes seit 1918 schreibt, wird noch viel zuwenig gesehen, es wird aber dem, der diese Zeit intensiv miterlebt hat, bei einer zusammenhängenden Lektüre seiner Gedichte sowie seiner Dramen vehement deutlich. Seine Gedichte und Lieder bewahren nicht nur die Zeitatmosphäre, sie sind in Sprache und Vorgang vom Gestus bestimmter Figuren und Ereignisse der Zeit geprägt. Auch das Lyrische sagt Brecht nicht nur in seiner Person und Sprache aus, selbst nicht, wo er die Ich-Form verwendet. In Brechts Gedichten und Liedern sind Haltungen vieler Menschen mannigfacher Art verwendet, sie machen sie in jedem Moment und immer wieder aktuell.«

Brechts Gedichte sind Gelegenheitsgedichte. Doch anders als Goethe geht Brecht in seinen Zeiten nicht mehr im »Walde vor mich hin«, sondern unter Polizisten. Er sieht sich eingebunden in die »Fülle der Kämpfe«, der Kämpfe in der untergehenden Weimarer Republik, eingebunden in den Terror des Faschismus und des »Anstreichers«, wie Brecht Hitler genannt hat, und eingebunden in die sozialistischen Möglichkeiten und Unmöglichkeiten der DDR nach dem zweiten Weltkrieg.

Im aufgezwungenen Exil, den »finsteren Zeiten«, entstehen viele Gedichte, die von den »finsteren Zeiten« künden. Brecht hat sie wiederum in Sammlungen zusammengestellt. So erscheinen 1939 die *Svendborger Gedichte*, eine bis dahin einzigartige Sammlung politischer Lyrik in deutscher Sprache:

Geflüchtet unter das dänische Strohdach, Freunde
Verfolg ich euren Kampf. Hier schick ich euch
Wie hin und wieder schon, ein paar Worte,
    aufgescheucht
Durch blutige Gesichte über Sund und Laubwerk.

In den *Svendborger Gedichten* finden wir u. a. die großen Gedichte *Fragen eines lesenden Arbeiters*, *Besuch bei den verbannten Dichtern* oder die *Legende von der Entstehung des Buches Taoteking auf dem Wege des Laotse in die Emigration*, die die Jahrtausende alte Lehre des Laotse in die einmaligen und gültigen Worte faßt: »Daß das weiche Wasser in Bewegung / Mit der Zeit den mächtigen Stein besiegt. / Du verstehst, das Harte unterliegt.« Und das Schlußgedicht der Sammlung, emphatisch gerichtet: *An die Nachgeborenen*. »Wirklich, ich lebe in finsteren Zeiten!«

[…] Ach, wir
Die wir den Boden bereiten wollten für Freundlichkeit
Konnten selber nicht freundlich sein.

Ihr aber, wenn es so weit sein wird
Daß der Mensch dem Menschen ein Helfer ist
Gedenkt unsrer
Mit Nachsicht.

Den *Svendborger Gedichten* folgen die Gedichte der *Steffinschen Sammlung*, die *Hollywoodelegien*, Brechts versifizierte *Gedanken über die Dauer des Exils*, Gedanken über seine mögliche Rückkehr in seine Vaterstadt Augsburg und eine Beschreibung der *Landschaft des Exils*.

Diese Gedichte hat Brecht einer »Sprachwaschung« unterzogen; sie sind sachlich, trocken, wie beiläufig geschrieben, unscheinbar, erweisen sich aber doch als außerordentlich vieldeutig und realitätsgesättigt. Sie zwingen ihre Leser, die Texte mit ihrer Realität zu konfrontieren und ihre »Wahrheit« zu überprüfen. So entsteht eine völlig neue Art von Lyrik: herausfordernd und von brutaler Lakonik, die ebenso erschüttert wie aufklärt. Sie sind abgründiger als viele Gedichte der Autoren, denen Brecht in den zwanziger Jahren vorgehalten hat, sich der Wortmagie und dem Wortrausch ergeben zu haben.

Die letzte große und bedeutende Gedichtsammlung, die *Buckower Elegien*, sind als Ganzes zu Lebzeiten Brechts nicht veröffentlicht worden. Sechs Gedichte erscheinen 1954 in Heft 13 der *Versuche*. Die Entstehungsgeschichte der Elegien ist eng mit den Ereignissen um den 17. Juni 1953 verbunden. »Der 17. Juni hat die ganze Existenz verfremdet«, notiert Brecht am 20. Augsut 1953. Die Gedichte entstehen im Juli und August 1953 auf seinem Landsitz in Buckow am Schermützelsee. Er begreift den Aufstand der Arbeitenden, da er aber untermischt wird mit westlichen Provokateuren und angeblich nicht mehr vorhandenen faschistischen Kräften in der DDR, begrüßt er die Maßnahmen der Sozialistischen Einheitspartei. Brecht befürchtet, der Aufstand könnte in einen faschistischen Putsch umschlagen und den dritten Weltkrieg auslösen. »Im Kampf gegen Krieg und Faschismus, stand und stehe ich an ihrer Seite«, an der Seite der Arbeiter; er fordert aber zugleich, daß maßgebliche Verbesserungen für sie geschaffen werden müßten.

Eine Wirkung der veröffentlichten sechs *Buckower Elegien* bleibt aus. In der Bundesrepublik Deutschland werden sie nicht wahrgenommen; man verübelt Brecht seine angeblich ergebene Haltung gegenüber dem DDR-Regime. In der DDR werden die mit *Der Blumengarten* eröffneten scheinbaren Idyllen als Rückzug des Dichters gedeutet und entsprechend entpolitisiert. Brecht selbst hat nach einer Aussage von Elisabeth Hauptmann Anweisungen gegeben, einzelne Gedichte zurückzuhalten, weil er Mißverständnisse befürchtet hat.

Brecht hat in den *Buckower Elegien* einerseits die Notwendigkeit des Kampfes gegen den »eigenen« Faschismus betont, andererseits aber auch grundlegende Kritik an den damaligen sozialistischen Zuständen geäußert. Erst heute, mit großem Abstand, kann man seine Haltung würdigen. Sie war weder Provokation noch Rückzug, sie war die Reaktion eines Dichters. »Ich bin nicht gern, wo ich herkomme./Ich bin nicht gern, wo ich hinfahre.« Er formuliert Albträume, in denen er die Finger auf sich gerichtet sieht, »wie auf einen Aussätzigen«. »Unwissende! schrie ich/ Schuldbewußt.«

Und dann das Gedicht *Die Lösung*. Für die Maßnahmen der Regierung gegen das Volk findet Brecht die jeden demokratischen Anspruch der DDR auflösende Formulierung: »Wäre es da/Nicht doch einfacher, die Regierung/Löste das Volk auf und/Wählte ein anderes?« Es ist die schneidendste Kritik, die Brecht hier geübt hat, wie überhaupt: Es ist eine »Große Zeit, vertan«: »Was sind schon Städte, gebaut/Ohne die Weisheit des Volkes?« Und schließlich das letzte Gedicht der *Buckower Elegien*, *Beim Lesen des Horaz*:

Selbst die Sintflut
Dauerte nicht ewig.
Einmal verrannen
Die schwarzen Gewässer.
Freilich, wie wenige
Dauerten länger!

Nicht ohne Hintersinn spielt die letzte *Buckower Elegie* auf das Horazsche Diktum »exegi monumentum aere perennius« an, Dichtung sei dauerhafter als Erz. Brechts Gedicht stellt den Anspruch, überdauernde Dichtung zu sein, und stellt ihn zugleich grundsätzlich in Frage.

Hier sind wir bei einem entscheidenden Punkt der Betrachtung von Brechts Lyrik. Brecht hat durch seine Werke und seine gültigen sowie nachhaltigen Formulierungen, die durch keine vordergründige »Parteinahme« oder ideologische (sprich: marxistische) Position geschmälert werden können, bewiesen, daß er ein klassischer Autor ist. Seine Beziehung zur Klassik, zu den klassischen Werken wie zu den Klassikern selbst, ist so alt wie sein Denken und Schreiben. Groß ist Brechts Affinität zum Römischen. *Die Horatier und die Kuriatier* sind nach Livius geschrieben, *Das Verhör des Lukullus* nach Plutarch. *Die Geschäfte des Herrn Julius Caesar* nach Sallust, Sueton u.a. *Coriolanus* nach Shakespeare und Plutarch. Und immer wieder hat Brecht das untergegangene *Große Carthago* als warnendes Muster unserer Situation beschrieben. So am 26. September 1951: »Das große Carthago führte drei Kriege. Es war noch mächtig nach dem ersten, noch bewohnbar nach dem zweiten. Es war nicht mehr auffindbar nach dem dritten.« In der eben erschienenen *Brecht Chronik* von Werner Hecht führen die Namen Goethes, Schillers und Shakespeares die Nachweise im Register an.

Am Anfang der zwanziger Jahre spottet Brecht: »Ich beobachte, daß ich anfange, ein Klassiker zu werden.« Er beobachtet aber durchaus richtig. Immer mehr erweisen Brechts Schaffen und seine Arbeitsweise den klassischen Anspruch. Horaz, Lukrez und immer wieder Dante bilden Herausforderungen für eine aktive und produktive wie auch kritische Auseinandersetzung in und durch Lyrik, wie z. B. *Das zwölfte Sonett. Über die Gedichte des Dante auf die Beatrice*, das Margarete Steffin gewidmet ist.

Die *Terzinen über die Liebe* sind bekannt geworden unter dem Titel *Die Liebenden*. Nach einer Mitteilung von Ernst Bloch sind sie nach der Lektüre Shakespeares, um »hohe Kunst« zu machen und um die Aufführung von *Mahagonny* dem drohenden Verbot zu entziehen, in einer Nacht entstanden. Aber heute wissen wir, daß es nicht so sehr Shakespeare war, sondern daß Brecht auf den fünften Gesang aus Dantes *Inferno* zurückgegriffen hat. Dort ruft eine Windsbraut die Geister Verstorbener auf, unter ihnen das Paar Francesca und Paolo; bei Dante findet sich auch das Motiv des Fliegens der Kraniche und der intensiven Liebesbeziehung. Kein Gedicht von Brecht hat größere Wirkung gehabt. Karl Kraus hat es als »eine der wichtigsten Schöpfungen Brechts und der deutschen Lyrik überhaupt« bewertet. Am 11. Januar 1932 veranstaltet Kraus eine Lesung, und Kraus schreibt dazu: »Für die Verse von ›Kranich und Wolke‹ jedoch gebe ich die Literatur sämtlicher Literaten hin, die sich irrtümlich für Brechts Zeitgenossen halten.«

Brechts Beziehung zur Musik gehört in diesen Zusammenhang und selbstverständlich auch die Einheit von Stückeschreiber, Regisseur und Theatermann. Klassisch auch sein Umgang mit Schülern. Brecht und die Folgen in der Lyrik: Hans Magnus Enzensberger, Thomas Brasch, Volker Braun, Wolf Biermann, Heiner Müller, Durs Grünbein und Albert Ostermaier.

Selbst bei der Gestaltung seiner Bücher hat Brecht immer wieder auf »klassische Vorbilder« hingewiesen. Der Herausgeber der Gedichtausgabe hat herausgefunden, daß es für Brecht ein Vorbild für die *Hauspostille* und den von ihm gewünschten »Gebrauchswert« gibt: die Sammlung von Martin Luthers *Hauspostille*, die seit 1544 nachweisbar ist. Postille bedeutet »Erklärung des vorangestellten Bibeltextes«, post illa verba texta; es handelt sich also um religiöse Gebrauchstexte. Brecht folgt aber nicht nur dem protestantischen Vorbild, die fünf Lektionen der *Hauspostille*, darunter *Bittgänge*, *Exerzitien* und *Chroniken* folgen auch dem katholischen Ritual. Als 1953 im Suhrkamp Verlag die ersten Bände einer Gesamtausgabe von Brecht erscheinen, legt Brecht Wert darauf, daß es die »Gesammelten Werke des Klassikers« sind. Seine Mitarbeiterin Elisabeth Hauptmann hat dazu angemerkt: »Die klassische Ausgabe [...] müßte eben ein klassisches Format haben.«

Brecht, der Klassiker. Die Goethe-Zeit erblickt das Klassische eines Autors darin, daß er in allen Gattungen »Bemerkenswertes« zu leisten hat. Dieses Ideal hat noch bis zum ausgehenden 19. Jahrhundert gegolten. Im 20. Jahrhundert wirken die Erzähler Franz Kafka, Thomas Mann, Hermann Hesse, Hermann Broch und Robert Musil und als Lyriker Rainer Maria Rilke und Gottfried Benn. Das Umfassende dieser literarischen Gattungsformen mit einigem Rang findet sich in einzelnen Beispielen bei Hugo von Hofmannsthal, in umfassendem Maße jedoch nur bei Brecht. Er hat auf den Gebieten des Epischen, Lyrischen, Dramatischen mehr als Bemerkenswertes geleistet. Seine Lyrik umfaßt die Formen: Ballade, Choral, Elegie, Epigramm, Glosse, Heldenlied, Hoheslied, Hymne, Kanzone, Lied (Kinderlied, Volkslied, Schlager, Song), Ode, Psalm, Romanze, Sonett, Terzine. In seiner Verstechnik beherrscht er u.a. den Trimeter, den Blankvers, den Pentameter, den Hexameter, verfügt souverän über Reim, Assonanz und Alliteration sowie über vielfältigste Spielarten des freien Rhythmus. Formen werden gehalten, Formen werden zerbrochen.

Je wichtiger der Gegenstand, je klassischer die Versform; das *Manifest* nach Karl Marx und Friedrich Engels wird als Lehrgedicht in der »respektablen Versart« des Lukrez, in Hexametern, geschrieben. Das Gedicht *Beim Lesen des Horaz* drückt seinen Zweifel und seine Skepsis über die Dauer der Werke durch das Zitat der metrischen Schlußformel der Sapphischen Ode aus, wie Brecht sie bei Horaz vorgefunden hat.

Über alle Moden und alle Entwicklungen hinweg wird das lyrische Werk von Bertolt Brecht bleiben. Meine Auswahl ist subjektiv, es sind nicht die bekanntesten, jedoch die Gedichte, die mich über Jahrzehnte begleitet haben. Es sind, wie Max Frisch es formuliert hat, »Gedichte, die standhalten«. Dies eben, weil sie Wirklichkeiten durch Poesie haltbar machen. »Alle großen Gedichte«, so Brecht, »haben den Wert von Dokumenten«, und das sind seine Gedichte.

Ein Gedicht habe ich nicht in meine Auswahl der hundert Gedichte aufgenommen, möchte es aber doch in meinem Nachwort zitieren:

> Der große Bert Brecht verstand nicht die einfachsten
>   Dinge
> Und dachte nach über die schwierigsten wie zum Beispiel
>   das Gras
> Und er lobte den großen Napoleon
> Weil er auch aß

Das deckt sich mit Bertolt Brechts Hauptbotschaft: »Alle Künste tragen bei zur größten aller Künste, der Lebenskunst.«

Alphabetisches Verzeichnis der Gedichte